U0720234

星云说喻

丛书

爱语播欢喜

爱语给人信心，给人希望，
给人给己欢喜满路、福缘无量

星云大师 著

中华书局

图书在版编目（CIP）数据

爱语播欢喜/星云大师著. —北京：中华书局，2016.7
（星云说喻）
ISBN 978-7-101-11107-1

Ⅰ.爱…　Ⅱ.星…　Ⅲ.佛教-人生哲学-通俗读物
Ⅳ.B948-49

中国版本图书馆 CIP 数据核字（2016）第 043544 号

书　　　名	爱语播欢喜	
著　　　者	星云大师	
丛 书 名	星云说喻	
责任编辑	贾雪飞	
出版发行	中华书局	
	（北京市丰台区太平桥西里 38 号　100073）	
	http://www.zhbc.com.cn	
	E-mail：zhbc@ zhbc.com.cn	
印　　　刷	北京瑞古冠中印刷厂	
版　　　次	2016 年 7 月北京第 1 版	
	2016 年 7 月北京第 1 次印刷	
规　　　格	开本/889×1194 毫米　1/32	
	印张 5⅝　插页 8　字数 120 千字	
印　　　数	1-8000 册	
国际书号	ISBN 978-7-101-11107-1	
定　　　价	28.00 元	

星云大师传略

　　大师生于一九二七年，江苏江都人。幼年家贫，辍学，因父母忙于家务，随外祖母长居多时。后卢沟桥中日战起，父或因战火罹难，与母寻父途中，有缘于南京栖霞山礼志开上人披剃，实际祖庭为江苏宜兴大觉寺。

　　一九四九年至台湾，大师担任台湾佛教讲习会教务主任，并主编《人生》杂志。一九六七年于高雄开创佛光山，树立"以文化弘扬佛法，以教育培养人才，以慈善福利社会，以共修净化人心"之宗旨，致力推动"人间佛教"，并融古汇今，手订规章制度，印行《佛光山清规手册》，将佛教带上现代化的新里程。

　　大师出家七十余年，于全球创建二百余所寺院，十六所佛教学院，二十三所美术馆、图书馆、出版社、书局等，相继成立育幼院、佛光精舍、慈悲基金会，捐献佛光中小学和佛光医院数十所，从事急难救助，育幼养老，扶弱济贫事业。

一九七六年大师创办《佛光学报》，翌年成立"佛光大藏经编修委员会"，主持编纂《佛光大藏经》及《佛光大辞典》。一九八八年成立佛光山文教基金会，主要致力于举办学术会议，出版学术论文集、期刊等。一九九七年主持出版《中国佛教经典宝藏精选白话版》一百三十二册、《佛光大辞典》光盘版，设立"佛光卫星电视台"（后更名为"人间卫视"），并于台中协办广播电台。二〇〇〇年创办《人间福报》，是为第一份由佛教界发行的日报。

二〇〇一年，大师将发行二十余年的《普门》杂志转型为《普门学报》论文双月刊，收录海峡两岸有关佛学的硕、博士论文及世界各地汉文论文，辑成"法藏文库"《中国佛教学术论典》共一百一十册。二〇一三年，主持出版《世界佛教美术图说大辞典》二十卷册。二〇一四年主持出版《佛光大辞典》增订版、《献给旅行者365日——中华文化佛教宝典》以及《金玉满堂》人间佛教教材。

大师著作等身，撰有《释迦牟尼佛传》《佛教丛书》

《佛光教科书》《往事百语》《佛光祈愿文》《迷悟之间》《人间万事》《当代人心思潮》《人间佛教当代问题座谈会》《人间佛教系列》《人间佛教语录》《人间佛教论文集》《僧事百讲》《百年佛缘》等著作近百部，总计二千余万言，并被译成英、德、日、韩、西、葡等二十余种语言，流通世界各地。

大师教化弘广，有来自世界各地跟随出家之弟子两千余人，全球信众达数百万。大师一生弘扬人间佛教，对"欢喜与融合""同体与共生""尊重与包容""平等与和平""自然与生命""圆满与自在""公是与公非""发心与发展""自觉与行佛"等理念多所发扬。一九九一年成立国际佛光会，大师被推为世界总会会长，后于五大洲一百七十余个国家地区成立分会，成为全球华人最大的社团，实践"佛光普照三千界，法水长流五大洲"的理想。二〇〇三年，国际佛光会通过联合国审查，正式加入"联合国非政府组织"（NGO）。由于大师在文化、教育及关怀全人类之突出贡献，先后荣膺世界各大学颁赠荣誉博士学位多个，国际间获奖无数。

大师致力于中华文化复兴及两岸文化交流，成果斐然。二〇〇四年，大师应聘担任"中华文化复兴运动总会"宗教委员会主任委员,与基督教、天主教、道教等领袖,共同出席"和平音乐祈福大会",促进宗教交流,发挥宗教净化社会人心之功用;先后与著名汉学家马悦然教授(斯德哥尔摩大学、诺贝尔文学奖终身评委)、罗多弼教授(斯德哥尔摩大学)、傅高义教授(哈佛大学)及诺贝尔文学奖得主莫言先生等人进行人文交流座谈。

近年,大师于江苏宜兴复兴祖庭大觉寺,并捐建中国书院博物馆、扬州鉴真图书馆、南京大学佛光楼,成立扬州讲坛、星云文化教育公益基金会等,积极推动文化教育,以期能促进两岸和谐发展,共创繁荣新局面。

大师一生弘扬人间佛教,对佛教制度化、现代化、人间化、国际化的发展,可说厥功至伟!

自序：我愿化作一点心光

古老的佛经，往往以譬喻的形式，巧妙地铺陈甚深的妙义，如《阿弥陀经》中，以宝池、楼阁等种种声光形色，或隐或现地引喻极乐世界的华丽和香洁。又如《普门品》以种种厄难为喻，为我们描绘观世音菩萨寻声救苦时，种种无畏的清净和慈悲。

佛经往往以譬喻为渡船，救人上岸；以譬喻为灯光，照破昏暗；以譬喻为井泉，赐人清凉。在繁忙紧凑的现代生活步调中，也许一则故事的引领，能破解你多年沉淀心头的世情公案，一两句法语可以激起你内在革新的力量，为身心加油，为生活助力。

当白日的喧嚣散去，夜半的一盏灯，一杯茶，一则说喻，化身为心灵知己，与你素面相见，叙谈友情、家庭、世情、人生。

《星云说喻》丛书共十册，是集我在电视台"星云说喻"栏目中所讲的古今中外近千则譬喻故事而成。我祈愿读者阅读这些譬喻，如山泉洗涤人间的尘垢，使人人心镜洁净，灵台清明；祈愿读者以廓然的风姿，行化于红尘俗世间，念念觉醒于声色幻影之不实，从而回头开垦一亩心田。

与众生携手，我愿奉献身心为炬，化作一点心光，纵使此身被烧烬成灰，也是心甘情愿。

中华书局简体字版《星云说喻》丛书付梓在即，我喜为之序。

星云

二〇一五年二月

目 录

香口沙弥

说好话,慈悲爱语如冬阳,鼓励赞美,就像百花处处香。

佛经里面记载,有一位沙弥因为多世不曾妄语、口说柔软语、时常赞美别人,所以只要他一讲话,就有芬芳的味道散发出来,只要一吐气,四周都会闻到香味,因此别人就称他做"香口沙弥"。

均提童子有句偈语说:"面上无嗔是供养,口里无嗔出妙香,心中无嗔无价宝,不断不灭是真常。"每一个人如果平常都能保持面容的祥和、亲切,将是人间最大的供养;口中没有恶语、没有讥讽、不刺伤人、不骂人,口中自然芳香四溢;心中不会恼怒人、陷害人、算计人、打击人,就是无价之宝,即能展现永恒的生命。

"香口沙弥"的示现,在提醒我们凡有所言都要给人欢喜、给人赞美、给人感谢。说话如叩钟,以诚心叩之,自然发出感动人心的声响；以慈心叩之，自然传出摄人心弦的声响。人与人往来重要的是坦诚相对，你给予别人什么，人家也会给你什么，所谓"敬人者，人恒敬之"，你恭敬别人，别人当然就会恭敬你。

讲话声音要好听，最重要的是要发自内心的真诚，如佛所言，真语、实语、不异语。能够利人的语言虽然简单，但是铿锵有力；有的人尽管大声吼叫，但不得人望，因为他的话语不能让人欢喜，不能给人利益，无法让人受用，所以他的语言就散发不出香味了。

想要拥有一个香口的人生，就让我们今后所说的每一句话，都像芬芳的花香、像美妙的音乐让人欢喜，如同《佛光菜根谭》的一段话："说好话，慈悲爱语如冬阳；鼓励赞美，就像百花处处香。"所谓"良言一句三冬暖"，希望我们的社会一起来提倡"说好话"运动，说善良的语言、慈悲的语言、促进和谐的语言。

恒河小婢

爱语可以成就无量的好事、好因与好缘。

据说,印度恒河神是一个年轻的女郎。

佛陀有个弟子叫做必陵伽婆,他经常要经过恒河到邻近的村落托钵。虽然必陵伽婆是个证果的罗汉,但仍有一点傲慢的习气,所以每次飞行过恒河的时候,他都会呼喝着:"恒河小婢,让出一条路来。"恒河的女神每次听到必陵伽婆喊她为小婢,心情就非常地不舒服,这样一个证果的尊者,讲话都不尊重人,我是个千万人膜拜的河神,他竟然称呼我"小婢",岂有此理。

有一天,她实在忍耐不住尊者的倨傲,一状告到佛陀那里。

恒河女神向佛陀诉说必陵伽婆对她的伤害和污辱的经过,佛陀把必陵伽婆找来,训斥道:"怎么能对恒河女神不尊敬?"当场,佛陀要必陵伽婆向恒河女神道歉。

必陵伽婆听从佛陀的指示，向恒河女神致歉，合掌说："我不是有意的，实在对不起你。"

佛陀召集大众，以必陵伽婆为当机众，开示弟子：即使是已证果的罗汉，余习仍未断除，身口意还没有完全清净，如必陵伽婆尊者一样，即使是无心之过也会伤人。不应证得了罗汉就自满自得，不愿再用功进步，当以无上正等正觉的佛果为目标。

世界上，爱语可以成就无量的好事、好因与好缘；"乌鸦嘴"的无礼之语，势必毁掉自己的大好前途，人生的好因善缘。

修持佛法，即是要我们的身、口、意三业能圆满清净。其中以口业的造作最是细微难防的恶业，稍不留心，绮语、毁谤、妄言漫天漫地，久不自觉，将成累生累世难以断除的习气。

"一言以兴邦，一言以丧邦"，只言片语足以兴国或亡国、杀人或救人，我们能不谨言慎语？

对徒孙的关怀

见人行好事,随喜赞叹,更尽力散播、传扬好事。

佛陀在世时,有个叫做亿耳的沙弥,因为他的师父迦旃延在远方国家弘法传教,希望亿耳替他向佛陀传达消息。

亿耳到了目的地,佛陀与他一番关怀、谈话后,便招呼僧团里面管事的比丘,请他们在自己的房间加一张床,让亿耳睡。并再三叮咛比丘对亿耳要好生招呼:"有什么美味食品可以给他? 有什么精致的纪念品,让他带一点回去吧!"佛陀细心的照顾与关爱,引起僧团大众议论纷纷:"实在是太优惠的殊遇了。""他不过是个沙弥,怎么可以和佛陀同睡一间寮房?"佛陀对大众的议论,沉默不语。

等亿耳回去以后,佛陀便召集大众:"你们对好事心生嫉妒、不满,甚至出语伤害,这样是不对的。你们要知道,迦旃延是十大弟子之一,他在外面弘传佛法、普度众生多么辛苦,我们无以感谢他,也无以去赞美他。他的徒弟亿耳现在到我们这里,给他的一点点照顾和关怀,也是希望借此安慰迦旃延的心,让他能够得到很大的鼓舞和信心。"佛陀悉心开示,众比丘这才如梦初醒,忏悔自己的言行粗鄙不堪。

做人,不应该吝于待人好、对人慈悲,见他人慈悲,又心存嫉妒:"你不必这样啦!""干嘛布施这么多呢?""不用帮他这么多啦!"自己无作为,又忌人成就,不知随喜赞叹,只愿与人共沉沦,我们的世界怎么会进步呢?

不如转心改性,看人行慈悲,心生欢喜,更起而效法;见人行好事,随喜赞叹,更尽力散播、传扬好事。慈悲不怕大,好事不怕多,人间需要的是善美的心量,喜舍的力量,爱语的能量,以推动我们的世界向至真至美的境界迈进。

国王的脓疮

犯错不可耻，重要的是肯忏悔。

阿阇世王，是佛陀时代中印度摩竭陀国频婆娑罗王和皇后韦提希所生的太子。阿阇世王因轻信提婆达多谗言，幽闭父王在七重室内致死，篡夺王位，自立为王。

有一次，他的小儿子想把小狗抱到餐桌上一同吃饭，阿阇世王坚决不肯让小狗坐上餐桌。小儿子不愿退让，哭闹着说："没有小狗陪我吃饭，我就不吃。"

看着小儿子，阿阇世王很是懊恼："贵为国王，为了疼爱儿子，竟然要跟狗同桌吃饭！"

"这有什么了不起，当初父王母后在世的时候，还有更甚于此的事！"贤惠的妻子借机说话了。

"什么事？"阿阇世狐疑着。

"你记得吗？你幼年时曾经长了一个脓疮，痛苦不堪。父王不忍你受苦，亲自用口为你把脓吸出来。我都听人家说过,难道你没听人家说过吗?"听着妻子诉说过往,阿阇世王陷入对童年的回忆里。

"父王为了疼爱你,甘愿这样做,这比和狗同桌吃饭,是有过之而无不及的。"

忤逆不孝的阿阇世王听了妻子的话,惭愧万分,心生悔悟,便去祈求佛陀为他开示忏悔法门。忏悔,是得救之道,俗语说:"放下屠刀,立地成佛。"只要有心悔过,即使阿阇世王前半生做了杀父、毁佛等罪过,但是经过他不断地忏悔,不但洗尽罪愆,慢慢也获得全国上下的尊敬,成为印度大有为的国王。

人非圣贤,孰能无过,就是贵为一国之尊也难免犯下过错。犯错不可耻,重要的是肯忏悔。忏悔,就好比肮脏的东西,以清净水就能洗净;再重的罪恶,只要肯忏悔,身心也能恢复清净与平静。

宝桥渡佛

用慈悲、尊敬、服务、包容作我们的桥梁,才能沟通彼此。

释迦牟尼佛在印度传教的时候,有一次,必经的桥梁被阻挠弘法的人破坏了。正当大家不知所措的时候,佛陀弟子中神通第一的目犍连尊者把身上的一条腰带解开,远远地掷到对岸去,顿时腰带化成一座宝桥,让大家安然渡过。这就是"宝桥渡佛",后来成为佛教里一段美谈佳话。

佛光山初创时期,在山与山之间,有一个无法填平的深邃的沟壑,为了衔接两山之间的道路,也仿造了一座宝桥,希望所有信徒到佛光山,从朝山会馆到大雄宝殿、大悲殿拜佛的时候,能经过这座桥梁,从迷惑人生过渡到觉悟清明的境界。

目犍连运用神通"宝桥渡佛"的故事,可以启示我们,在人生的旅途中遇到障碍、鸿沟无法跨越时,只要我们善巧变通,仍然可以安然渡过难关。

不可否认,一个人生存在这个世界上经常会遇到障碍,就如同渡河没有舟楫,往往让人不知如何是好。而人与人之间也常有许多鸿沟,必须搭起桥梁,用慈悲、尊敬、服务、包容作我们的桥梁,才能沟通彼此,增进友谊。

除了现象界的桥梁,人与人之间的心桥更是重要。如此,心和心才能沟通,心和心才能交流。若能效法目犍连运用神通"宝桥渡佛"的善巧,来作我们的心桥,这世界将会多美好。

善和比丘的雅音

不慎犯了错并不可耻，有改过的觉醒与勇气才是关键。

善和比丘是佛陀的弟子，经典中形容他"形貌羸瘦，音声和雅"，人矮小，容貌丑陋，但是声音清亮和雅，上彻梵天佛陀也称赞他音韵和雅，能让闻者心生欢喜，震慑人意，在所有声闻弟子中，音声美妙，最为第一者。

有一位比丘恭敬合掌，问："佛陀！善和比丘是何因缘，其貌不扬，却能出和雅音？"佛陀便为大众述说善和比丘过去世的因缘：

累世前，善和比丘为土木工人，当时的无忧国王，获得拘留孙佛入灭后的舍利子，于是集合全国土木工匠，兴建佛塔供养，工匠们无不欢喜造塔，殷勤工作。当时的善和比丘看到巍峨高塔，心生轻慢，对同伴说："为了建造佛塔而动用大批人力与金钱，哪一天才能建造完成啊!"有人听了,赶紧规劝:"建塔是好事,不要恶口。"

佛塔竣工时,前来参观的人无不啧啧称赞,生大欢喜。这般情景看在口出恶言的善和比丘眼里,不禁忏悔先前不当的言行,因而将造塔所得工资拿来设斋供僧,广结善缘,并在塔尖上悬挂金铃,让来往者闻金铃声,生清净心。

当时的善和比丘,因轻慢建造佛塔之行,今生才会受此丑陋之身;因忏悔改过,布施金铃的善行,音声才得以曼妙和雅,让所有听闻者心悦安乐。

佛陀为大众述说这段因缘前,就以"假令百千劫,所作业不亡,因缘会遇时,果报还自受"一偈,阐明因缘果报的真义。生命的穷通得失、富贵贫贱,都来自我们身口意的造作,而决定来生好坏、美丑与善恶。

然而,定业并非完全不可转。人非圣贤,不慎犯了错并不可耻,有改过的觉醒与勇气才是关键。好比衣服脏了经过清洗,才能洁白清柔;身体污秽必须沐浴,以求神清气爽;环境杂乱需要打扫,才能住得舒服。人生的过错,以忏悔的法水洗涤,心地自能清明。

《四十二章经》便明白指出:"人有众过而不自悔,顿止其心，罪来归身，犹水归海，自成深广矣。有恶知非，改过得善，罪日消灭，后会得道也。"能以佛陀开示的教法自省己行，我们终能离系解脱，获善得福。

须陀须摩王的承诺

人可以没有金钱名位，却不能没有信用。

古人曾说："无信不立"，信用是成功的基石。人可以没有金钱名位，却不能没有信用。钱财用完，再赚就有，一旦失去信用，就算花上千金万银也买不回来。谈到守信，《大智度论》有一则须陀须摩王宁舍身命，也要坚守信诺的记载，值得我们回味再三。

须陀须摩王一生精进持戒、说真实语。有一天早上，须陀须摩王带领一群宫女，准备到花园游玩。才出城门，就遇上一位婆罗门上前求乞，须陀须摩王允诺婆罗门回程时，再行布施。

一行人入园嬉戏没多久，天空突然飞来一只名叫"鹿足"的双翅鸟，倏忽而下，将须陀须摩王叼走。宫女们见状，无不惊慌恐怖，啼哭号恸，更惊动了城内城外，顿时整城陷入一片哀凄中。

鹿足王擒走须陀须摩王后,腾跃虚空,迅速飞回栖息地,将王安置在先前被叼来的九十九位国王当中。鹿足王看到哀伤涕泣的须陀须摩王,忍不住问:"你怎么哭得像个小孩子?人生,有生必有死,有合必当离,你应该学习放下。"须陀须摩王说道:"我不是怕死,是怕失信。这一生我从没有打过妄语,今早出城时,曾经答应一位婆罗门,回程时必当布施,不料世事无常,这下我可能要辜负他了。"

鹿足王说:"我允许你回去履行诺言,七天之后再回来,如果你没有回来,我这力大无比的翅膀,要把你捉回来也是轻而易举的事。"须陀须摩王应诺,随即回到祖国,心愿达成后,立太子为王,同时向聚集的万千人民忏悔:"由于我的智慧不够,没能把国家治理好,请大家原谅我。现在,这个身体已经不属于我了,我要离开大家了!"

谁料举国上下都叩头慰留:"希望国王能继续关心、庇荫我国,您不用担心鹿足王会找上门,我们会准备铁舍和军队奋力抵抗的。就算鹿足王是神仙,我们也不怕!"

须陀须摩王听后,再三告诫大家不可鲁莽行事,并说出一偈表达自己的决心：

> 实语第一戒，实语升天梯，实语小而大，妄语入
> 地狱，我今守实语，宁弃身寿命，心无有悔恨。

须陀须摩王随即出发，前往鹿足王的住处。鹿足王远远看见他回来，欢喜地说："你确实是个诚实无欺，坚守信诺的人。常人多半爱惜生命，而你却放弃脱逃的机会，回来履行承诺。"须陀须摩王说："说实语者，才像个人；打妄语者，非人也！"鹿足王闻之信心清净，说道："你说得太好了。现在我决定把你和九十九位国王放行，让你们各自回到自己的国家。"

须陀须摩王信守承诺，救了自己与九十九条人命，诚实守信的功德利益，于焉可见。

诽谤他人的过失

聪明的人,应当要诚慎口中造业,不可轻易诽谤他人。

从前,有一位驼骠比丘,他一出生就具有超乎于常人的力气,做起事来任劳任怨。他出家后,因精进向道,终于证得阿罗汉果。

驼骠比丘威德具足,经常为众僧营办生活所需,因此佛赞叹他为营事第一。

另有一位弥多比丘,由于他平常吝于和别人结缘,又疏于自修福德,因此福德薄寡,所接收到的食物大多是粗恶食。有一天,他很生气地向众人说:

"驼骠比丘料理僧事,让我都没有得到好的食物,僧团里应当要另外开方便来补偿我。"

由于弥多比丘经常在僧团里散播对驼骠不利的言词,驼骠终于受不了诽谤,便运用神通力飞腾上虚空,以火光三昧自焚而死,一点尸骸都不残留。

众比丘们看到了这骇人的一幕,便问佛陀:

"驼骠比丘是什么样的因缘,遭受到如此无端的诽谤?是什么样的因缘,生来就具有大力气?又是什么样的因缘,能证得罗汉果报呢?"

佛陀这时向众人说道:

"过去在迦叶佛住世时,有一个面貌端正的年少比丘出外托钵,恰巧经过一位少妇的身边。少妇看到了年少比丘,顿时心生爱恋,目光一刻也不舍得离开他的身上。当时驼骠比丘负责为众僧人监管食事,他看到了这样的情景,便随口对众人说:'过去世时,他们两个人必定有所爱染。'由于这样的因缘,驼骠比丘命终后堕落到三恶道中,受苦无量。一直到现在,这个恶报都还存在着。也由于这样的因缘,他生生世世,都必须遭受到这样的诽谤。又由于他曾在迦叶佛时出家学道,因此今世证得罗汉果报。而他生来具有大力气,是因为他在过去生中,经办僧事。只要驴马驮运米面,不小心陷在深泥中时,他都会立刻帮它们拉出来,因此感得大力的果报。"

所谓"良言一句三冬暖,恶语伤人六月寒"。语言是传达感情的工具,如果运用不当,则成为伤害他人的利器。诽谤人的恶业都可以让圣贤灭身,更何况是凡夫众生呢?因此聪明的人,应当要诚慎口中造业,不可轻易诽谤他人。

在《龙舒增广净土文》里,提到口业有九种得失:一、口诵佛名如吐珠玉;二、口宣教化如放光明;三、口谈无信如嚼木屑;四、口好戏谑如掉刀剑;五、口道秽语如流蛆虫;六、口说善事如喷清香;七、口语诚实如舒布帛;八、口言欺诈如蒙陷阱;九、口出恶气如闻臭味。因此,一个口说好话、诚实语的人,可以启发他人的信心;口中常出恶言、欺诈语的人,则有可能让人深陷于黑暗中,终不受到他人的欢迎。

同时,当我们在面对他人的毁谤、讥讽时,也不应该气恼对方,而是要有承担的力量,以道德、慈悲心去感化他。因为污泥中能生出清净的莲花,愈是黑暗的地方,则更应点亮心灵的灯光。

贤不可毁

口出恶言，骂的不是别人，正是自己。

佛陀的大弟子中，有一位驼骠尊者，是已证圣果的罗汉。驼骠尊者精勤修习、仪容威德，很受大众的赞美与肯定。由于他做事妥善，佛陀便将僧团中大众生活所需、物品添置、僧房修理等总务工作，交给他负责。驼骠尊者认真守本分，总将工作办得有条不紊，很得僧团大众佩服，而被誉为"营事第一"。

尽管如此，还是没有办法让人人称心，毫无怨言，总会有一两个人感到不满意。僧团中有位弥多比丘，每次托钵所得的，都是一些粗糙的饮食。他不但不反省自己福薄无德，反而怨怪别人。有一天，他去找驼骠尊者辩论："尊者！你所做的事情，虽然有很多人称赞，但我就是不赞成你的做法，不满意你的为人。"

"大德！我自觉惭愧无德，佛陀把这个责任交给我，虽然我不是很能干，也愿尽最大的力量，让大家都能够得到方便，哪敢企望各位的称赞？"

弥多比丘并不理睬驼骠尊者的解释，又愤愤地说道："对于你所分配的托钵区域一事，我感到很不满意。每次你都把最偏僻、最贫穷的地方分配给我，我从来就没去过城里托钵。还有信众供养的袈裟卧具，你都把好的给别人，把最坏的给我。像你这样的处理僧事，实在太不公正，如果你的作风不改，我会找机会反击你的。"

驼骠尊者的好意劝解，弥多并不感谢，反而更加怀恨，到处造谣诽谤。这个消息传遍了各处，弥多的姐姐是一位出家的比丘尼，知道弟弟口出恶言，再三相劝，弥多仍不听劝。后来，僧团中再没有人喜欢和造谣的弥多在一起。

佛陀借此因缘，召集大众说法："诸比丘！一个喜欢造谣、搬弄是非的人，是最不受欢迎的。像弥多比丘造谣，不但伤害不了别人，还害了自己。结果，无论到什么地方，都没有人愿意和他在一起，到了王舍城，王舍城的长老就叫他去舍卫国；到了舍卫国，舍卫国的长老就叫他往王舍城。你们看，这不是自作自受吗？"

对此，佛陀也曾以譬喻告诫弟子："恶人害贤者，犹仰天而唾,唾不至天,还从己堕。逆风扬尘,尘不至彼,还坌己身。贤不可毁,祸必灭己。"口出恶言,骂的不是别人,正是自己。毁谤恶口就像自掘坟墓,终将为黄土掩埋。

是非只因多开口

懂得省察自我,就是懂得观因缘。

常人往往视逆境为外来因缘,总不知究竟的缘由为何？往往只在事情表象与人我之间琢磨、计较是非,鲜少转个方向,省察自我。

懂得省察自我,就是懂得观因缘。《杂阿含经》有说"有因有缘世间集",世间一切总有因缘,如果不懂得明因缘、观因缘,终将如同盲目寻光的无头苍蝇,"百年钻故纸,何日出头时？"

有一天,蝉、麻雀、蝴蝶、蜜蜂、乌龟,它们聚集在一个花园里,各自述说自己的生活感想。

蝉:"金风未动依先觉,暗送无常死不知。"

麻雀:"人为财死,鸟为食亡。"

蝴蝶:"宁为花下死,做鬼也风流。"

蜜蜂:"采得百花成蜜后,一年辛苦为谁忙？"

正当大家你一言、我一语的慨叹时，捕鸟的人听到嘈杂的声音，即刻撒下罗网，把蝉、麻雀、蝴蝶与蜜蜂一网打尽。旁边的乌龟看到了，把头伸出来，幸灾乐祸地说："是非只因多开口。"话音才落，有个童子张开弹弓，射来一颗石头，正好打中乌龟的头，乌龟疼痛难忍，将头一缩，说道："烦恼皆因强出头。"

"是非只因多开口，烦恼皆因强出头"，乌龟说得实在，之所以招来是非、产生烦恼，不就是因为平时口无遮拦、不慎言语，不懂得退一步想想，不懂得审慎行事吗？

人间万事总有它究竟的因缘，是非烦恼是如此，违逆之境也是如此。境界生起时真能面对与放下，首要回头转身，冷静思考自我的心念和行为才是。一旦透得个中因缘始末，还怕不见风清月白时。

探病之道

说话要说鼓励人心的话。每句话都要慎重，都要让人听了以后受益无穷。

《梵网经》提到："八福田中，看病福田第一福田。"也就是说探病是第一福田。孝顺父母也有功德，敬重师长也有功德，救苦救难都有功德，但是探病是最上功德。

对于病患付出关怀与慰问是善心好意，但是也应该重视探病之道。比方说一个病患者肠胃不好，探病者却买了一些油炸的、粗硬的东西给他吃，不但对病患者没有帮助，反而有害；有人患了糖尿病，探病者却买巧克力、咖啡糖送给他，这也是不行的。探病送礼也是一门学问，即使送的是一朵鲜花、一篮水果，甚至于一本书，都要视病患者的需要。

佛世时，有长老比丘与新学比丘二人，经常代表僧团前往医院探视病患者。慢慢地，大家发现凡是长老比丘探望过的病人，都很快地恢复健康，而且心情愉悦；但是新学比丘探望过的病人，则心情沮丧，病情未见起色。

原来，新学比丘总是对病人说："人生无常，色身是苦，病痛是往昔业障所致，是以业障不除，病是无法痊愈的。"长老比丘却经常安慰病人："诸行无常，所以病痛一定会很快好起来的，只要你多念佛，多观想诸佛功德，就会很快地康复起来。"

佛陀知道此事以后，十分赞赏长老比丘，并且嘱咐新学比丘应该向长老比丘多多学习。

说话要说鼓励人心的话，如此才有资格去探病。做人处事上，每一句话都要慎重不轻率，都要让人听了以后能够受益无穷，才能展现出语言的价值。

乌鸦的声音

只要愿意用佛心去绘画内在的世界，那么乌鸦也能变成极乐鸟。

有一只乌鸦，它经常是一边飞一边"嘎！嘎！嘎！"地叫着，无论它飞到哪里，人家都讨厌它的不好听的声音。有一天，这只乌鸦遇到了一只喜鹊，喜鹊就问它："乌鸦，你今天要飞到哪去？"乌鸦回答说："唉！那个地方的人好讨厌，一直都嫌弃我，我现在不要住在那个地方，我要飞到另外的地方去。"

喜鹊就对它说："乌鸦，你何必飞到别的地方去？你即使是搬到天涯海角，人家还是讨厌你的，为什么？因为你的声音不好听，声音不改变，到哪里都是一样的命运。"

闽南语有一句话，形容一个人讲的都是刻薄伤人的话，叫做"乌鸦嘴"，像乌鸦难听的叫声，人家怎么会喜欢呢？佛教的五戒里，就有戒恶口的律法，要我们学习诸佛菩萨的柔软爱语，给予众生希望与信心。经典上说，佛的三十二相之一的广长舌相，皆是多生累劫常出信心爱语，令众生入佛知见。

乌鸦能不能变成喜鹊？只要愿意改变音声，就能改变别人对你的看法。一个优秀的艺术家，他可以画出山水、人物、花卉，世间一切美好的事物，因此，我们的心也如善巧的工画师，能化现刀山剑树的地狱相，也能变化黄金铺地的极乐界，人只要愿意用佛心去绘画内在的世界，那么乌鸦也能变成极乐鸟，发出和谐音。

乌鸦嘴

令众生欢喜，也是一种布施喜舍。

阿里是一个单纯、直率的人，可是亲戚朋友对他却避之唯恐不及，为什么呢？原来是他一开口尽说些秽气、不吉祥的话。如邻居新居落成，他想去拜访拜访，站在门外敲了几下，没人应门，他不耐烦地说："死牢门啊！干嘛关这么紧。"亲戚家里添丁，他前去道贺，边逗着婴儿边说："哇！长得真可爱，就是不知道是来报恩的，还是来讨债的。"为此，亲朋好友为此给他封了一个"乌鸦嘴"的绰号。

村庄里有一户人家娶媳妇，宴请诸亲朋好友。阿里也很想去凑凑热闹，可是没有人愿意带这个"乌鸦嘴"去。他四处拜托，向大家保证："我一句话也不说。"朋友经不住他的苦苦哀求，才勉强答应。

宴席间，他果然守口如瓶，不吭一声。好不容易宴席要结束了，主人向宾客们道谢的时候，阿里得意洋洋地说："今天我一句话也没说喔，要是将来你儿子媳妇离婚，可与我无关！"话语甫落，在场的人脸色无不铁青。

好话，人人爱听。中国人尤其喜欢听吉祥话，春节到处是"恭喜发财""大吉大利"的祝贺声；婚事喜庆，也是"早生贵子""百年好合"的声声祝福，听起来不但悦耳，令人心情舒畅，更是感觉到诸事皆顺，一切平安。"乌鸦嘴"一出口都是消极、丧气、没有希望的话语，听了心生反感，人人退避三舍。

口说爱语，是一种修行与修养。《梵网经》对"爱语"的解释是："好语心者，入体性爱语三昧，第一义谛法语义语，一切实语者皆顺一语，调和一切众生心，无嗔无争。"因为令众生欢喜，也是一种布施喜舍；在给人欢喜的当下，本身的心行都是善美、清净的。这种自他二利的身口意行，便是菩萨"施无畏"的修行。

大笑可以治病

放下繁忙的工作和紧张的生活，每天三大笑，必能快乐无烦恼。

有一个国王性情孤僻古怪，大臣碍于他是一国君王，表面服从尊敬，却不敢同他推心置腹。坏脾气的国王每天过着严肃孤独的生活。

有一天国王病了，大臣们召集全国名医医治，医生却都束手无策，查不出病因。有一个文学家表示："国王的病不一定要用医药治疗，我可以念书给国王听，解除国王的忧愁烦恼。"文学家没念几段字，国王听了讨厌："不要念了！不要念了！"唤士兵赶走文学家。

一个音乐家表示："念书不好，让我来唱歌给国王听好了！"还没唱完，国王又觉得厌烦："不要唱了，不要唱了！让人心烦。"

美术家接着说："我来画画，为国王排忧解愁吧！"

国王："我不要看，我不要看！不要画呐！"

大臣们又找百位宫女演奏、跳舞，国王却看都不看一眼。

有一天，终于请来一位法师为国王说法。法师说："有一对夫妻，妻子误会丈夫金屋藏娇，丈夫心想：反正小拇指没有什么大用，斩断了也没有关系！于是把小拇指斩断，以示忠贞，就此抚平妻子的疑心。有一次，丈夫耳朵突然痒起来，正当他想用小拇指去挖耳朵的时候，才体会到没有用的东西，有时还是很有用的。"国王听后哈哈大笑，直说："这个好听，这个好听！"

从此，法师每天都来说一个故事，国王也天天开怀大笑。没多久国王的病竟然不药而愈。

国王严肃的病因在于孤独无伴，以致郁郁寡欢，一旦笑出来，便如同药到病除。现代人压力大、日子难过，也不妨试着自在轻松一点，放下繁忙的工作和紧张的生活，每天三大笑，必能快乐无烦恼。

菩萨与夜叉

昨日夜叉心,今朝菩萨面;菩萨与夜叉,只隔一条线。

清光绪年间,江西一带某村庄,相传有一片"鬼森林",凡是夜间经过此林的人,都会无缘无故地失去踪影,久而久之,女鬼夺人性命的传言不胫而走。

有一位雕刻师傅,雕刻技术闻名遐迩,有一间寺院央请他去雕刻一尊观音像,可是必须经过鬼森林才能到达这间寺院。因为怕耽搁约定的时间,雕刻师决意连夜赶路。

天色昏暗,走到鬼森林里,雕刻师感觉疲累,便靠着一棵树坐下休息。隐约中,他望见前方坐着一名女子,衣衫褴褛,一脸狼狈。上前探问才知道女子也要到邻近村庄投靠故旧。两人交谈间,雕刻师看到地上有块木头,一时兴起,拿出携带的凿刀开始雕刻。

"你在雕什么?"女子好奇地问。

"在雕观音像!"雕刻师认真地雕塑着,"你面如观音,慈祥和蔼,所以想依着你的面容来雕一尊观音像!"

话音甫落,女子禁不住放声痛哭,雕刻师问何故,女子才将自己的经历娓娓道出:那年她带着小女儿回娘家,路经鬼森林时,不幸遇上强盗,财物被洗劫一空,女儿也遭杀害。满怀仇恨的她,上吊自杀后化作厉鬼,在夜间夺取过路人性命,以祭拜亡女。

"我就是传说中的女鬼,被仇恨禁锢,心如夜叉。没想到你竟然觉得我像观音……"女子向雕刻师深深叩谢后,霎时消失在寂静的鬼森林。

心中满是愤怒,致使女子看不见内心清净、善良的原始风貌,让贪嗔愚痴役使,害人害己。若不得雕刻师布施爱语,岂不永生依靠仇恨,苟延残喘存活?

常德府文殊思业禅师原来从事屠宰业,一次杀猪时,忽而洞彻心源,弃业投身佛门,并作下一偈:"昨日夜叉心,今朝菩萨面;菩萨与夜叉,只隔一条线。"以坚毅勇猛心去除内心贪嗔痴,即使前念如夜叉心,也能瞬间转化念头,拥有菩萨的慈悲心肠。面向生命的情绪风暴,如果当下不能止住颠倒妄想,也要点滴注入智慧慈悲、宽容温暖等善良的种子,才能远离颠倒,度一切苦厄。

金佛与木佛

真正的力量，是来自内在的精神力。

话说有一个长工，看到主人拥有一尊金佛，每日礼拜，心中慨叹自己无钱，连想要拜佛都没有机会。有一天，趁着主人不在家，长工悄悄地走到佛像前面礼拜。但是事有不巧，被主人看到了，而且厉声责骂他："你有什么资格拜我的金佛？"

长工不得已，后来在砍柴的时候利用一根木材动手刻了一尊佛像，供在自己简陋的住处礼拜。没过多久，主人发觉长工的家中人来人往、门庭若市，一经查问，才知是大家都到他的家里礼拜木佛。

"他那木佛有什么了不起！哼，一副穷酸样！"主人非常生气与嫉妒，声言要让金佛与木佛比斗。

当比赛开始后，初时两佛推挤，势均力敌，真是"将遇良才，棋逢敌手"；但过不了多久，金佛渐渐屈居下风，终至不敌木佛而倒地不起。

主人就责怪金佛："为什么你连木制的佛像都不如？"

金佛说："主人呀！你看那一尊木佛，每天有多少的信徒带着供果前往上香礼拜，他受了那么多的香火，自然力气充足；我虽然是金佛，但是你并不是每天都有礼拜供养，所以我敌不过木佛而不支倒地，这是再自然不过的事了，你有什么好奇怪的呢！"

世间任何的东西，不能只看外在的形相，若是华而不实，徒有其表，即使是黄金做的也一无用处。金佛与木佛的故事，让我们明了真正的力量，是来自内在的精神力，而不是徒具好看的外表。

一百顶高帽子

成功就在我们的口边,适时地给人赞美,才能赢得别人的欢心。

有一个学生向老师请假,表示要出外创业,老师满心挂念地说:"你学业尚未完成。凭你现在的成绩、能力,出去之后怎么应付复杂的社会呢?"

学生:"老师,您不必挂念我,我有很好的应付办法。"

老师:"你出去凭什么本领?"

学生:"老师,凭我一百顶高帽子。"

老师:"一百顶高帽子有什么用?光凭你的这一点能力,哪里有什么好办法?"

学生:"我走遍天下,只要向人家介绍,我是老师的门下,凭老师的道德、学问,谁不敬仰呢?人家敬仰您,而我是您的学生,他们对我当然就另眼看待了,我还怕在社会上不能成功立业吗?"

老师一听哈哈大笑:"你能懂这样就成了!"

这时学生说道:"老师,我现在只剩下九十九顶高帽子,还有一顶高帽子就送给老师了!"

给人戴高帽子,人人都欢喜;懂得赞美别人,必定为自己开拓很多的道路。虽然赞美别人是一件值得称许的事,但也要适当、确切。比方说,一个老太太你就不必去称赞她:"你好漂亮。"应该说:"老太太你好亲切慈祥!"一个行动不便的老公公不能称赞他:"很有力气。"应该说:"老人家,你很稳健、很稳重!"

戴高帽子,戴得适当是最好的,戴"歪"了,不但贻笑大方,更惹人嫌恶。有时成功就在我们的口边,适时地给人赞美,才能赢得别人的欢心。

北风与太阳

和谐尊重的爱语，处处带来温暖安详。

常行慈悲、爱语、利行，为人处世，懂得言辞和悦，尊重他人，善解人意，无论身为父母师长、上司属下、士农工商……都能获得他人的好评，成为一个待人处世上的真正赢家。

有一天，北风和太阳碰面了，两人兴起要较量身段的想法，北风提议说："凭我们各自的力量，看谁先让行人把衣服脱下来，谁就是赢家。"太阳也兴致高昂地应和着："好，就这么决定，你先来吧！"

首先，北风发出凶猛的威力，呼呼呼地吹着，路上的行人感受冷冽的风吹，纷纷把衣服裹紧，它愈是使劲地吹，行人愈是把衣服裹得更紧，北风只得无可奈何地说："我承认我没有办法，换你来吧！"

太阳开始散发它的热力，慢慢地云层渐开，阳光普照大地,行人逐渐感觉到温暖,便一件又一件地将衣服脱下。

北风不得不服输:"太阳,还是你胜利了!"

为人如果像北风,要不疾言厉色,要不挥舞拳头,教人不能服气,处处都是压力逼迫,只会让人避之唯恐不及。只有像和煦的阳光,慈祥的赞美、和谐尊重的爱语,处处带来温暖安详,才能让人觉得自在轻松,喜欢亲近,没有防备。

想要赢得上司的垂爱,朋友的喜爱,学生的尊敬……就看我们是愿意做冷飕飕的北风,还是和煦的太阳。

牙齿和舌头

柔软，是一种谦虚、慈悲的表现。

为人，是柔和好呢，抑或刚强好？

明朝寒山大师，有一首诗偈："红尘白浪两茫茫，忍辱柔和是妙方。到处随缘延岁月，终身安分度时光。"《华严经》也提到："常乐柔和忍辱法，安住慈悲喜舍中。"

所谓"柔能克刚"，柔和忍辱看似没有力量，其实确是真正的大勇猛，就如小草，以柔软的姿态存世，才能突破硬石，展现生命；才能经得起狂风肆虐，青翠依旧。有时柔和反而比刚强更有说服力，好比我们的牙齿和舌头，年老力衰时，刚强的牙齿都掉光了，而柔软的舌头还存在，可见得刚强坚硬的不一定能持久，柔和、柔软的具有一种生命的韧性，反而能经得起时间的考验。

"每见钢刀口易伤，自古硬弓弦先断"，钢刀锋利，能削金断玉，可是最容易挫折的却也是锋利的刀口；弓箭是伤人的利器，可是太坚硬的弓，往往弓弦先断。

勇敢、刚强虽是需要的，但是有时候却应该将身段放得柔软，说话柔软一点、做事柔软一点、待人柔软一点……柔软，是一种谦虚、慈悲的表现。柔软的人，懂得将心比心，为他人留出退步的空间；柔软的人，其心如白云，让每一位走过的人，没有丝毫负担，只有舒畅。

两头牛

多说柔软、真实、赞叹的爱语，不仅能充实自己，也能利益他人。

在一条路上，同时有两头牛拉着车子走着。一头牛精力旺盛地走着，一头牛却显得力尽精疲。气力充沛的那头牛，愈走愈快；反之，疲弱的那头牛，却愈走愈慢。这是为什么呢？原来是驾驭者对待牛的态度有很大的不同。

其中一个驾驭者，总是鼓励气力充沛的牛："我的乖牛啊，你是最好、最聪明的牛！我靠你得到很多的财物，你替我赶快拉车，回到家我给你上好的草、上好的粮。"等到这头牛拉不动了，驾驭者又鼓励牛："我相信你还可以再走，你的力气是牛中第一，你是世界上最有力气的牛。"于是那头牛又铆足了劲，继续拉。

后面那头疲弱的牛就不一样了！驾驭者老是叱骂

牛："你这笨牛、懒牛！怎么老是休息，真是没出息！你看前面那头牛，人家跑得多快，你再不走，回去以后，我把你卖掉，你再不走，我就把你杀掉算了！"听到驾驭者这么说，这头牛便想：反正是死路一条，主人认为我是懒牛，再费力气也徒劳无功，干脆好好喘气休息吧！于是它索性停下来，不走了。

科学家曾经对植物作研究发现，如果想要花草长得苗壮、艳丽，就要时常对它们慈言爱语。植物如此，水也是一样的，日本江本胜博士对水作过实验，在高倍率拍摄下，他惊讶地发现，对水说鼓励赞美或愤怒憎恨的话，水的结晶会呈现出美丽晶莹或扭曲混浊的形状。

语言的重要性，佛经时有提及。《无量寿经》说："远离粗言，自害害彼，彼此俱害。修习善语，自利利人，人我兼利。"《龙舒增广净土文》也举出九种口业的譬喻："口道秽语，如流蛆虫"、"口出恶言，如闻臭味"、"口说善事，如喷清香"、"口语诚实，如舒布帛"等。善加利用语言，多说柔软、真实、赞叹的爱语，不仅能充实自己，也能利益他人。

说大话

常说些利己利人、有益人生的善言美语。

有个卖瓦盆的人，一心想把瓦盆给卖出去，于是他拿起小木棍，边敲瓦盆边叫道："大家快来听啊，这瓦盆的声音是多么响亮！"不料，一不小心，竟把瓦盆给敲碎了，旁边的人见状忍不住笑起来。

卖瓦盆的人为了圆场，赶紧指着瓦片说："你们看看，这些瓦片有棱有角，烧得多结实啊！"说罢，就把瓦片丢到一旁的田里。正在稻田里插秧的农夫立刻叫道："小心啊！碎瓦片会割伤别人的脚！"卖瓦盆的人连忙说道："不要紧，这瓦盆泡水就散了！"

社会上，常见有一些人喜欢夸海口、说大话，但是前言不搭后语，被人笑话；也有一些人爱说大话，却与事实不相符合，能说不能行，反遭人嘲笑，甚至失去信誉。

说话的目的重在沟通彼此的思想、看法，且从言谈之中，可以估量一个人的人格、个性和知识。喜欢说大话的人，容易留给人浮夸不实、自我吹嘘的肤浅印象，因此我们说话的态度要真诚，说话的内容要切实，说话的时间、地点都要适当。此外，经典里也教导我们要常作润泽语，常说闻者喜悦语，这就是语言的修行。所以，一个人要把话说得恰当、说得合时、说得合宜，才算是会说话。

世上很多人爱说大话，主要的原因就是常识不通、心地不明，结果往往是成为愚不可及的笑话。如果我们做人能明因识果、通情达理，就不会胡乱吹嘘、爱说大话，也就没有这许多大话和笑话产生了。希望人人都能懂得说话的艺术、说话的妙处，常说些利己利人、有益人生的善言美语，千万不要做个虚而不实的"大话专家"。

星星月亮偷不去

星星眨眼，月亮微笑，映在吾心，谁抢得去？

有一位禅师连夜赶路到远处去传教。这天晚上，在路上遇到一个人，好意地说："师父，这么晚了，到我家里住一宿，明天再走吧！"禅师心想：天也黑了，既然这个人好心邀请，就答应他吧！于是跟随这位人士到他家里去。

没想到，禅师才入睡不久，这个人竟拿了一把刀，架在禅师的脖子上，逼迫着说："把你身上的钱和有价值的东西，全部交出来！"禅师听后，随即把身上所有的钱掏出，扔给他。这个人嫌钱太少，于心不甘，又再一次把刀架在禅师的脖子上："把你的衣服剥下来！"禅师又把衣服剥下来扔给他。

一阵慌乱后，禅师心想：看来今晚不便住在这里，但没了钱，光着身子白天走路有伤大雅，还是连夜赶路吧。临行前,只穿着单薄内衣的禅师,站在门外大喊:"啊! 还有这么多的好东西!"

话音一落,屋内的人火速赶出来,身手矫健地把刀架在禅师的脖子上,说道:"你说,你还藏有什么宝贵的东西,给我拿出来!"

禅师压低了声音:"这种宝贵的东西就是告诉你,你也拿不去的。"

"拿来,拿来,给我拿出来!"

禅师不慌不忙地指着天上的星星和月亮:"你看,星星在向我们眨眼,明亮皎洁的月亮正对着我们微笑。这么宝贵的东西,你抢得去吗?"

禅师的惊叹,即是明了憨山大师一句"万籁寒虚寂,诸缘露本真"的深意,星星眨眼,月亮微笑,映在吾心,谁抢得去?

"溪声尽是广长舌,山色无非清净身",世间真正的宝贝是抢不来的。大地山河、星辰日月都是我们共有的财富,取之不尽,用之不竭。能够看到万事万物深意的人,必定会有一份爱惜本心、尊重他物的心意吧!

女人的命运

换一个角度，把不好的都看成美好，成就另一种风光。

有个女人向赵州禅师诉苦："哎呀！禅师，我们女人实在业障啊！"

赵州禅师反问："怎么会？女人也是人，怎么会是业障呢？"

女人解释道："小女孩时，要听父母严苛管教；长大结婚后，要被丈夫管；老年又轮到儿女来管。你看这些儿女，我一讲话，他们就叫：'妈妈，不要讲啦！'唉！女人真是可怜哟！你说做一个女人有什么意思？"

赵州禅师呵呵大笑，一摆手："你不要这样想。女人很有福气啊！你看：小女孩时，爸爸、妈妈多么爱护照顾；长大以后，多少男人倾心追求；老来儿女也特别孝顺。很多儿女不喜欢探望父亲，反而喜欢看妈妈，做女人实在比做男人多受眷顾哟!"

通达人情事理的赵州禅师,劝说女人不要自怨自艾,而要换一个角度,把不好的都看成美好,成就另一种风光。

一样的世间,不一样的情怀,端看我们的心如何转换。更重要的是不在男女性别上烦烦恼恼,而是做好一个人。无论男人、女人,只要平时广结善缘,自然获得他人的拥戴与赞许;反之,不懂得广结善缘,不管你是男人或女人,也不会受到欢迎的。

所谓"广结善缘,更有人缘",能结好缘才是人生的重点。

良宽禅师系鞋带

人总有迷惘、犯错、随波逐流的时候,只要加以开导,爱语提携,自能让迷途的羔羊走回正途。

父母教育子女、师长教育学生,维护其尊严是相当重要的,有时力的呵斥,有时爱的鼓励,有情有理,情理并重,方不失教育的目的。

良宽禅师是一位日本的得道高僧,毕生精进修持,未尝稍懈。晚年时,家乡的亲戚来找良宽禅师,请他回家一趟,因为家乡的侄儿成日花天酒地、吃喝嫖赌,快把家产浪荡尽了。大家将希望都寄托在良宽禅师身上,期盼这位做禅师的叔叔,能用佛法来开导不务正业的侄儿。良宽禅师心想,自己都出家这么多年,年纪也大了,俗家的事情,哪里管得了那么多呢?经不起亲戚的恳请,他终究答应回去一趟。

走了三天的路程,良宽禅师终于返归故里。他的侄儿看到年老的和尚叔叔回来，欢喜地殷勤招待，但是心里也预防着："叔叔忽然回来，一定是要给我严厉的教训。"谁知良宽禅师却一副什么事都不知道的样子。第二天要离开了，良宽禅师还是不说一句责备的话，使得侄儿对他更为尊敬。

临走前，良宽禅师穿着草鞋，草鞋的带子却怎么也穿不进眼孔里。侄儿看见了，赶紧跪下来："叔叔我来帮你穿。"良宽禅师感叹："啊！人老不中用了，连穿个鞋带都穿不进去。看来人生还是得趁年轻的时候把理想通通完成才行。"

侄儿为禅师的一番话震撼，从此一改前非，下定决心过好人生，不但认真工作、生活，更勤于行善。

人总有迷惘、犯错、随波逐流的时候，只要加以开导、爱语提携，如同禅师适时、确切地点拨，自能让迷途的羔羊走回正途。

语言是很微妙的，好与坏，端看我们如何运用。

赞美别人的同时，也为自己开拓了很多的道路。

包容、赞美、慈悲心，
是不容或缺的幸福酵素。

成功就在我们的口边，适时的给人赞美，才能赢得别人的欢心，让人愿意亲近。

偷自己的真心

我们总是看到心外的财富，没有发现心中无穷尽的宝藏。

石屋禅师外出，碰到一位陌生人，畅谈之下，不觉天色已晚，两人因此投宿旅店。半夜，石屋禅师听到房内有声音，就问："天亮了吗？"对方回答："没有，现在仍是深夜。"石屋心想，此人能在深夜漆黑中起床摸索，一定是见道很高的人，或许还是个罗汉吧。于是又问：

"你到底是谁？"

"是小偷！"

石屋："喔！原来是个小偷，你前后偷过几次？"

小偷："数不清。"

石屋："每偷一次，能快乐多久呢？"

小偷："那要看偷的东西其价值如何！"

石屋："最快乐时能维持多久？"

小偷:"几天而已,过后仍不快乐。"

石屋:"原来是个鼠贼,为什么不大大地做一次呢?"

小偷:"你有经验吗? 你共偷过几次?"

石屋:"只一次。"

小偷:"只一次? 这样'够'吗?"

石屋:"虽只一次,但毕生受用不尽。"

小偷:"这东西是在哪里偷的? 能教我吗?"

石屋禅师一听,就一把抓住鼠贼的胸部说:"这个你懂吗? 这是无穷无尽的宝藏,你将此真正的一生奉献在此事业上,毕生受用不尽,你懂吗?"

小偷:"好像懂,又好像不懂,不过这种感受却让人很舒服。"

我们总是看到心外的财富,没有发现心中无穷尽的宝藏;总放着这些取之不尽用之不竭的宝藏,去窃取外在有形的财富。聪明的人儿,何不用心将自心的慈悲、忍耐、智慧偷到手,成为一个真正富有的人?

阎罗王的审判

口中留德，笔下有德。

我在一场"人生哲学"讲座的演讲中，曾说了这么一段话。现在的媒体新闻，如果传播者笔下有德的话，就可以救台湾；社会上每个人口中有德，不说违背良知的语言，就能救自己。不要以为兴之所至的一句话，一篇耸动不实的文字，说过、写过就消失了，它带来的影响力是不可忽视的，而且善恶的因果是永久存在。

不真实、不厚道的言论，不只是当事者吃亏，人格受到伤害，对于整个社会还会产生一股黑暗的力量，使得大家心灰意冷，不愿意做好人。如果一个人做了几十年的好人，最后遭人毁谤、中伤，让人感叹好人没有好报时，这种歪曲事实的报道对社会影响极坏。

我曾经遇到一个品学兼优的学生，他因为一颗纽扣没有扣好，老师便当众辱骂他、责骂他，使他深感挫折，他想：我只是纽扣没扣好，就被当作坏学生，那么我干脆坏到底，做一个坏学生。不留余地的刻薄言语像一把杀人的刀子，将一个孩子大好的前途、璀璨的青春，给摧残了。

文字言语可以是温煦的春风，也可以是萧瑟的冬雪，揭人长短隐私，煽动社会群众对立情绪。一言可以兴邦，一言也可以使人身败名裂。良言一句三冬暖，恶语伤人六月霜，能不慎言谨行？

传说阎罗王审判一个平时著书立说的读书人时，判决他必须待在无间地狱，直到洗清自己的罪孽，才能超生。读书人抗议道："阎罗王，那些犯杀、盗、淫、妄、酒的人，他们的罪不过是五年、十年、二十年？我不过是写写文章，为什么罪比他们还重呢？"阎罗王说："你写的书充满邪思、邪念，带给很多人不正确的见解，好像树木腐烂了根。你写的文字现在仍然流传人间，所以你在地狱的时间无法判定，一直要等到你的文字影响完全消灭，对人没有害处了，才能离开地狱，重新投胎转世。"

口中留德，笔下有德。

请为我们的子孙留下一座春可游园、夏可观荷、秋可赏月、冬可戏雪的美丽岛屿。

请客

一言可以兴邦，一言可以丧邦。

有一位富翁请客，宾客来了一半，还有一半未到，厨师问："要不要先上菜？"富翁说："等一等。"结果等了半天，富翁看了看名单，还有很多重要的贵宾没有来，心里既忐忑，又着急，忍不住焦灼万分地埋怨道："唉！好不容易请一次客，该来的不来。"

那些围桌而坐的客人一听，顿时觉得脸上讪讪地有些挂不住，心想：原来主人并不是真心邀请自己，既然主人已经表示不欢迎，还赖在这里做什么？这些人愈坐愈不自在，就一个个悄悄地离席而去。

富翁一看，客人又走了不少，顺口就说："唉！好容易请一次客，不该走的都走了！"话一说完，那些原先还不好意思走的客人，又一个个满脸怒气地掉头而去。

原来热闹的宴席，美食都还没到嘴，就被富翁的口无遮拦弄得不欢而散。

说话的艺术是很重要的,所以有说"一言可以兴邦,一言可以丧邦"、"祸从口出,病从口入",一言不慎,很可能得罪人,甚至酿成巨大的过失。就像富翁请客,因为一句话,造成彼此不愉快,损害情谊,失却美意。

生活中,举办活动、联谊会、请客十分普遍,有人因此赢得商机,有人因此结交知己,有人留下生命难忘的记忆,也有人却输掉了信誉。请客的艺术和品质是一门大学问。请客不只是到大饭店享受尊贵的服务,能达到宾至如归的感动,而要让所有参加宴会的朋友,除了品尝饮食的美味外,还能将你的情谊、诚意、智慧、巧思牢记心中,如此才是"请客艺术"的上上之作。

一目了然

修习善语，自利利人，彼我兼利。

佛教里有很多长老法师，不论是在修行的功夫上，还是佛学的研究上，都有很深厚的造诣，对于各种问题，不论是话语机锋还是真问难，总能四两拨千斤，予以回答、解决。

金山寺的太沧老和尚，为人庄严堂皇，威仪庄重，一丝不苟。

有一天和印顺法师及许多大德法师在一起谈话，太沧老和尚感叹地说："哎！最近我的眼睛出了些毛病，左眼都快看不清楚了！"

印顺法师此时诙谐地说："喔！一个眼睛看不清楚，那不就成了独眼龙了吗？不过没关系，还有另外一只眼睛可以看。"

一向古板、庄重的太沧和尚，听到他要成为独眼龙的事,脸色显得很不高兴,印顺法师见状立刻话锋一转,说:"你不要以为一个眼睛不好,你看,木匠吊线的时候,他还特地要把另外一只眼睛闭起来,用一个眼睛才能瞄准,才能看得更准确呢!"

太沧老和尚一听,哈哈大笑,"嗯,没错! 一个眼睛反而能看得精准,能一目了然!"

讲话要能趣而不谑,诙谐、幽默、风趣、谈笑风生,则人喜亲近。倘若说错了话,冒犯了对方,也要能见风转舵,话锋一转则皆大欢喜。讲话也要能契理、契机,直入人心,则易受人尊敬。

《无量寿经》有言:"修习善语,自利利人,彼我兼利。"口宣仁德、口吐妙香、口说柔软语,让彼此的天空都能铺上一层层幸福的蔚蓝。

盲女摔镜

生命最庄严的景致不在别处，就在我们方寸之间。

在一个小村庄中，住着一位非常美丽动人的女孩，令人惋惜的是，她双眼失明，也同时失去了自信心，面对爱慕她的青年，不是刻意回避，就是极尽冷漠，以隐藏内心的自卑感，也因为害怕耽误对方，而心生愧疚。

这个青年百般地爱护她、追求她，希望盲女能够嫁给他。可是好事多磨，盲女就是不愿意嫁给他。他心里很苦恼，请求盲女告诉他真正的原因。盲女说："我是一个残废的人，不能增添你的麻烦。"

虽然如此，那位追求她的青年不因此而打退堂鼓，反而愈挫愈勇，甚至向盲女求婚，以表示自己坚贞的心意，希望有朝一日能得到她的青睐。

日子一久，这位盲女备受感动，发现青年是真心爱她的,于是决定和他结婚。青年一听,大喜过望,赶快拿了一面镜子来让她照,赞叹地说:"你长得好美哦！我真喜欢你。"谁知盲女竟然勃然大怒,顺手拿起镜子,用力地把它摔在地上,很生气地说:"你明知道我双目失明,还要故意拿镜子让我照,实在太令我伤心,我不嫁给你了。"年轻人一听,顿时手足无措,赶紧至诚地说:"我真的非常爱你,因为在我的心中,从来不觉得你是盲人,所以才情不自禁地拿镜子让你照,绝对没有歧视你的意思,请你不要误会。"

盲女听了青年的解释后,终于被对方的挚情所感动,说道:"世界上所有的人都以为我是瞎子,只有你不把我当作盲人。你才是真正认识我、爱护我的人啊！"

可见我们的心情常常因受到外在环境的影响而喜怒无常,因此我们应该做自己的主人,不要轻易发怒,随时保持一颗冷静的心。

一句话,入耳是令人欢喜,还是教人生气恼怒,其实不是在于这一句话,而是我们对这句话的诠释,左右了心情的起落。生活里,我们也常常像盲女一样,看不到自己的美好,所以心生狐疑,处处曲解别人的好意。

好雪片片不落别处，生命最庄严的景致不在别处，就在我们方寸之间，在于心田种的是桃李春风，还是荒草连天！

沙弥夜游

教育不应只在表象上琢磨，而是关心背后的动机。

仙崖禅师收了许多沙弥作弟子，这些沙弥因为年幼，玩心重，经常在做完晚课以后，偷偷地翻墙出去游玩，直到半夜才回来。

有一天晚上，仙崖禅师走到后院，刻意把沙弥放在墙角借以攀爬的高脚凳拿走，自己站在那里。过了初更，沙弥从墙头爬下来，习惯地踩在高脚凳的位置上，准备跳下。"呀！怎么软绵绵的？"沙弥心生疑惑，再往下一看，不得了，竟然是仙崖禅师的肩膀。

沙弥不知所措，仙崖禅师却以关爱的眼神，拍拍沙弥的肩膀，说道："孩子，夜深了，小心着凉，赶快回去加件衣裳吧！"

从此以后，寺院里再没有人出去夜游；这件事，仙崖禅师也从未和别人提起。

天下父母对儿女外出夜游，如何处之？是无情的打骂责罚，还是关爱的劝慰？

禅门的"不说破"是很高深的教育方法。现代父母教育儿女也当如此，要为孩子留尊严、顾自尊。动不动就骂孩子"没出息""你没用"，不仅骂得小孩子失去尊严，自卑心起，也容易导致思想与行为产生偏差；老师教育学生，也要替学生留颜面，"你不聪明""你这么笨"、"真没有出息"的责备、数落，学生听久了，就难以奋起飞扬，也容易堕落了。

要孩子自尊自重，先要给他自尊、信心与关爱，孩子的学习过程自会展现好的成果，进步也快。教育方法是人生大事，无心一句话、一个动作，对于孩子身心的影响巨大，怎可不慎？其实孩子的行为必有深藏心底的原因，教育不应只在表象上琢磨，而是关心背后的动机，才是根本之道。

仙崖禅师一句"夜深露重，小心着凉"含藏的悲智，天下父母与老师可意会得了？

不像个人

以貌取人，往往容易失去客观的评判。

日本有两个出家人，师兄叫做坦山禅师，为人正派，有道德，有学问，四处讲经说法，普度众生，拥有好名声。他的师弟云升，讲话油腔滑调，疯疯癫癫，举止轻佻，让人生不起恭敬心。两个师兄弟，一个严谨自持，美名远播；一个散漫不拘，众人轻视。

有一天，坦山禅师经过云升住的地方，竟然看到他在喝酒，而且一杯接着一杯地喝，此时师弟看到师兄经过就说："师兄，来呀，喝一杯。"

师兄很不高兴地说："你这个样子，怎么像个出家人呢？我才不跟你一起喝酒！"

师弟听后生气地说："不会喝酒才不像个人！"

师兄更生气了，"你讲什么！你怎么可以说我不像个人？"

云升师弟还是继续说:"我就是说你不像个人。"

"你怎么可以恶口!一天到晚疯疯癫癫的,现在竟然还敢教训我,说我不像个人。好,你倒是说说,我不像个人,那像什么?"

师弟说:"你不像人,你像佛!"

坦山师兄听后深感惭愧,忏悔自己以肤浅的眼光评判师弟的为人,实际上他才是个有道有德的修行人,如同"外现罗汉像,内密菩萨行"的中国僧人济颠禅师。

以貌取人,往往容易失去客观的评判,无法直探一个人内在的涵养与道德。有的人外表憨厚,实则精明能干;有的人外表神气、灵巧,内心却空洞无知。因此和人相处,要多方了解,多方认识,不要一味地计较一时、一言、一得。古谚"路遥知马力,日久见人心",其理至明。

在大自然的世界里,树木因为承受风吹雨打,所以浓阴密布,众鸟栖息;海水因为不辞百川,所以宽广深邃,水族群集。人,也唯有秉持"不比较,不计较"的胸怀,才能涵容万物,罗致十方。

不准回自己的房间

规矩是专门为不守规矩的人而订的。

各个教育团体，会有各种不同的规约，像学校的校规、班级的班规、日常生活中应遵守的生活公约等。虽说"不以规矩，不能成方圆"，但是同样的规矩，在不同人的身上，不一定会达到相同的效果。事实上，规矩是专门为不守规矩的人而订的，守规矩的人心里已没有规矩可言。

过去，丛林里打骂、呵斥的教育，一些有才干、有毅力的人是堪于忍耐承受的，但是没有毅力、没有才华的人，恐怕就经不起如此千锤百炼了。除了打骂教育外，其实也可以从人情上入手，从尊重孩子人手。比方说：以鼓励代替责备，以关怀代替责骂。在丛林里，沙弥不乖犯错，就罚跪、罚打、罚拜佛，我觉得这样是不对的，拜佛是件很美好的事，怎么好当作处罚呢？

因此在佛光山我有一条规矩，凡是犯过错的沙弥，罚他不准拜佛，就罚他睡觉。他在床上听得钟鼓梵呗声声声入耳，想到同学可以上殿，自己却不能，自然了解拜佛真是光荣无比，自然心生惭愧，改过从善。

现代家庭，有些父母处分小孩，是把小孩关到房间里面不准出来，这并不是个好办法。关进房间，他正好可以在里头看电视、睡觉、听收音机、打电动玩具、跟朋友通电话，关起房门来不是更好吗？

父母对儿女的处分，应该施以爱的教育，以鼓励代替责备、以关怀代替责骂，但最重要的还是沟通，让孩子了解自己究竟错在哪里，心甘情愿地受罚，甚至于让他们自己反省，该用什么方法来处分自己。从自我教育中，让孩子心生惭愧，主动改过，才是上策。

捡到钱的小孩

爱语比金钱更有价值。

这天早晨，一个年约十岁的小孩，上学前到一座寺庙，他走进大雄宝殿东张西望，正在整理香案的香灯师父走了过来："小朋友！来拜佛吗？""师父！我捡到十块钱，是不是可以添油香？"香灯师父连连称赞："小朋友你这样乖巧，拾金不昧，知道捡到钱要拿来交给佛祖，知道要添油香。这样懂事，将来一定能做个有用的人。"小孩笑逐颜开，蹦蹦跳跳地跑回家。

第二天，小孩又来了，满脸欣喜又满脸期待："师父！我又捡到十块钱了。"香灯师父摸摸小孩的头，温和地说："哇！你的运气真好。来，这些供过佛祖的糖果给你吃，吃了会增长福德喔。"第三天，小孩又跑来告诉香灯师父："师父！师父！我捡到十块钱，我要来添油香。"

香灯师父感到疑惑："你都是在哪里捡到钱的？"小

孩略略低了头："师父，实话告诉你，这是我自己的钱，我家里很有钱。"小孩从袋子里掏出一把钱，"你看！我有好多钱喔！只是我并不快乐，爸爸、妈妈一天到晚吵个不停，心情不好时，还拿我作出气筒；到了学校，老师和同学只用成绩判断人的好坏。只有在师父的面前，才觉得自己是个好孩子，我只是给你十块钱，你就对我说好话，所以我愿意每天拿十块钱给你，听你讲好话。"

每一个孩子都需要温暖，需要被鼓励，冷漠、恶口只会造就出反叛、无自信、负面思想的孩子。小小的语言与态度，都是决定孩子未来人格的重要因素，为人父母者不可不慎，更不好将自己的情绪带给孩子。

一个家庭的和谐、安乐、美好，是父母、子女共同维护的。如果家人之间常常都是口出怨言，恶言相向，这个家就会像地狱一样，冰冷不温馨，自然家人之间彼此疏离，渐行渐远了。

爱语比金钱更有价值，盼望各位父母为我们的下一代多多用心。

善言的重要

能够给人力量、给人希望，那真是功德无量了。

徒众永融曾经告诉我他的一段经历：

有天半夜两点多钟，忽然电话铃响个不停，他心想：三更半夜怎么会有电话呢？拿起来一接："请问是哪位？"对方回答的名字是法师不认识的，他又问："你在哪里？"

"我在你的门口。"

"你在我的门口做什么？"

"我要进来。"

永融胆量也不小，两点多钟，竟然把门打开要让他们进来。打开门一看，一对夫妇哭得像泪人儿一样。

问之下，原来这位太太即将临盆，下午到医院作产前检查，顺道让医生看一看小孩是男孩还是女孩，因为公公、婆婆希望生个活泼可爱的孙子。哪里知道医生检查的结果她怀的是一个有水脑症的孩子,也就是残障儿。

这样的结果让夫妻二人苦恼不已。不敢回家见爸爸、妈妈,只能在大街小巷转来转去,转到半夜两点多钟,实在没有力气了,想到附近有一间佛光山的别院,便决定进去。

永融法师问明经过,两夫妻便跪倒在地说:"师父!请你救我。"

"我怎么救法?"永融法师心想,接着说,"走!我们到佛殿去,你拜佛的时候就想,我生下来的孩子要像佛祖一样的庄严!好,再跟我持念一百零八遍的药师灌顶真言。"

没多久,这位太太竟生下一个白白胖胖的小男孩。

是永融法师还是佛祖救他们的?谁也不清楚。只是医师对于诊断的结果要慎重、要负责任;稍有不慎,很可能伤害了对方的信心甚至生命。同样的事情,因为我们不同的表达方式与技巧,会产生迥异的反应及效果。能够给人力量、给人希望,那真是功德无量了。

尊重的重要

要别人如何待我,我就要先如何待人。

做人一定要懂得尊重别人,自己也要自尊自重,才能赢得别人的尊重。有些读书人不明白此中深意,仗着学问好,书读得多而傲慢自大,不知谦虚、礼让,如此心态,即使能力再强,也是无法让人生起恭敬心的。

记得十七八岁的时候,我在江苏焦山佛学院念书。当时几乎每一个寺院里都会有几个七十岁、八十岁的老法师,其中有的连书都没有念过,甚至不识一字。由于经年累月在寺庙里发心做务,到了年老,寺院感念他们的发心,都会送一间寮房,让他们安心颐养天年。不过,接受过教育的年轻学子,多半鄙视这些老法师,甚至眼中根本没有他们的存在。

但是在焦山佛学院里有一个老法师,大家都很喜欢他。丛林中,只有做过住持的才能称作"和尚",因此我们都称呼他"老爹"。他只要听到"老爹"二字，不管有没有看到人，都会说一声"法师，你好!"当时我们都还是学生，是不会有人喊我们"法师"的。有时候为了听他称我们一声"法师"，凡是遇到他都会说:"老爹你好!"这样来来往往，佛学院中，便常常是"老爹你好""法师你好"此起彼落的问候声。

"敬人者，人恒敬之;爱人者，人恒爱之"，从老爹身上便能印证这个道理。每个人都希望被人肯定、被人尊重，但可曾想过，想要获得他人的尊重、礼遇，自己就要先尊重他人、礼遇他人。倘若只是一味要求别人待我好，而没有想到自己应该如何对待人，永远也无法体会出相互尊重的美好。

佛教讲因缘，因缘是互助的、互相的，要别人如何待我，我就先要怎么待人。

鬼平兵卫

子女也能化身为观世音，以孝亲、敬亲影响父母的言行，让父母安心、快乐。

子女也能以孝亲、敬亲影响父母的言行

日本人鬼平兵卫，平时靠拉车赚钱为生。鬼平兵卫长得就像鬼一样，为什么呢？因为他脾气暴躁，悭贪不舍，加上吃喝嫖赌，可说心性恶劣。

鬼平兵卫有一个很好的儿子叫阿藏。阿藏从小就很仁慈、友爱，讲话彬彬有礼，做事又很勤劳用心，完全跟父亲的个性不一样。但是鬼平兵卫并不喜欢阿藏，觉得阿藏待人处世样样周到，循规蹈矩，总认为这个孩子完全没有得到自己的遗传。虽然如此，阿藏并不因为父亲不喜欢就自暴自弃，反而更加努力地读书，勤奋地工作。

有一天中午，阿藏用身上仅剩的钱，买了便当，正走在路上时,突然想起父亲每天中午都会经过这里;想到爱赌钱的父亲,如果赌输钱,一定没东西吃,又得饿着肚子拉车,心里感到很难过。于是,孝顺的阿藏决定将自己的便当留给父亲享用。

遇到父亲,阿藏赶紧送上便当,说道:"爸爸,这个便当给您吃。"

饥饿难当的鬼平兵卫,看到香喷喷的便当,也不管三七二十一,就把便当吃了。吃完之后才问阿藏:"这个便当从哪里来的?"

阿藏说:"是我的。"

鬼平兵卫:"你吃过吗?"

阿藏笑了笑,回道:"爸爸,我不要紧,中午饿一餐,没有关系。"

鬼平兵卫顿时心一震,心想:阿藏是个多么孝顺的儿子啊!把自己的午餐让我吃了,自己忍饥挨饿。像我这么坏的人,孩子还这么关心我,实在令我感到惭愧。鬼平兵卫感动地摸摸阿藏的头说:"孩子! 爸爸很感谢你。"

从此以后,鬼平兵卫一改往昔的恶行恶状,重新做人,不但口说好话、身做善事,也乐于助人。由于他的善行美德，大家都不再喊他鬼平兵卫，而称他佛平兵卫了。

《观世音菩萨普门品》记载，观世音菩萨发愿应众生根机，随缘度化："若有人应以童男童女身得度者，即现童男童女身而为说法。"父母教育子女是常规、是责任，但子女也能化身为观世音，以孝亲、敬亲影响父母的言行，让父母安心、快乐。

邹忌讽齐王纳谏

语言如剑，能救人也能伤人，能不谨言慎行吗？

《古文观止》里，选录了一篇《战国策》的短文《邹忌讽齐王纳谏》。

内容是描述齐国大夫邹忌在家里整束衣冠后，对着镜子问妻子："我和城北的徐公比起来哪一个美？"妻子回答："你好美，城北的徐公不及你啊！"

城北徐公是齐国有名的美男子，邹忌不相信，又问爱妾："你看，我与城北的徐公哪一个美？"爱妾也回答："城北的徐公不及你。"邹忌还是不相信。客人来拜访邹忌，他同样询问，客人回答："城北的徐公哪里能跟你相比？"

隔天，城北的徐公来了，邹忌仔仔细细端详了一番，自觉不如徐公美。夜里，他反复思考，觉悟到一个道理：妻子说我比城北徐公美，那是因为爱我，爱妾是因为怕我,而客人是因为有求于我。

邹忌以自己为例,前去进谏齐威王,提出他的看法:"臣实在不如徐公美,但是臣的妻爱臣、臣的妾怕臣、臣的客有求于臣,都说臣比徐公美。现在,齐国的地方千里,有一百二十座城,宫里的妇女和左右亲近的人莫不爱王,朝廷里的臣子莫不怕王,国境以内的人,莫不有求于王。这样看来,王被蒙蔽得很深啊!"齐威王认同邹忌的看法,随后下令,凡能谏举自己过失者,无论朝臣平民,一律重赏。

命令一颁布,进谏的人络绎不绝,门庭若市。数月后,偶有人进谏。经过一年之后,想要进谏也没话可说了。后来,邻近齐国的燕、赵、韩、魏等国,听到这样的事,都来朝见齐王,齐国也从此成为战国时代的霸主之一,这就是所谓"战胜于朝廷",从而显示出了齐王纳谏的巨大效果。

邹忌不昧于妻、妾、客人的谄媚之言,还能以此劝谏齐王,是明白美言惑人,知道一味相信美言会迷失自性、丧失大局。齐工能接受劝进纳谏,更是一国之君当有的风范气度。修身、做人、领众、处世不迷于虚浮美言,看清事实真相,自能德播四方,名垂千古。

要知道,真实爱语能给人温暖,渡人苦难,不切实的"爱"语,更无益自他,长诸不善。语言如剑,能救人也能伤人,能不谨言慎语吗?

车夫改过

智者听从劝告，改过迁善；愚者强行辩白，文过饰非。

晏子是春秋时代齐国的宰相，曾侍奉过齐灵公、齐庄公、齐景公三个国君。虽然晏子官拜宰相，却为人平易，生活俭朴，因此很受齐国人民和国君的敬重。当晏子为齐景公宰相时，有一次，有事外出，请车夫为他驾车。车夫的妻子从门缝窥见驾着宰相专车的丈夫，头上遮着大伞盖，手里挥着马鞭，一副神气十足、不可一世的样子。

等车夫回到家里，他的妻子提出离异的要求，车夫大为吃惊，问起原因，妻子说："晏子虽然身高不满六尺，却贵为齐国宰相，名声传遍各国诸侯。今日我见他外出的样子，举止稳重沉着，态度十分谦和。反观你身高八尺，不过是人家的车夫，却志得意满，态度高傲，因此我要离开你。"

车夫听了妻子的话，感到很羞愧，一改以往的高傲态度，变得谦虚恭谨。对于车夫的改变，晏子感到很纳闷，问明原因后，知道车夫能听谏言、勇于改过，于是推荐他做齐国的大夫。

所谓"智者听从劝告，改过迁善；愚者强行辩白，文过饰非"，因此一个人能够成功，不在永不犯错，而是犯错之后，能够勇于改过，就像晏子的车夫，因为知过能改，才得以被推荐为齐国大夫。所以，能够勇于认错，才能有所进步、拥有机会，如果凡事都觉得自己有理，死不认错，只能在原地踏步，希望人人都能做个"知错能改"的大丈夫。

无信无礼

讲诚信的人，履行对他人的承诺，即使必须牺牲自己的利益，也毫不犹豫。

中国字以"人""言"为"信"，孔子也说："人而无信，不知其可。"守信用，是个人乃至团体"诚信形象"建立的基础，是与人来往必要的修养之一。

东汉人陈寔，桓帝时出任太丘长，世称陈太丘。陈寔为人正直清廉，深受百姓爱戴，《魏书》记载"寔德冠当时"，傅子曰："实亡，天下致吊，会其葬者三万人，制缞麻者以百数。"足以见得陈寔的仁德懿行。

有一次，陈寔与友人约好一同远游，当天他在家里等待守候，等到午时已过，猜想友人可能有事不能同行，或是已经提前出发，就径自上路了。就在陈寔离开不久，朋友才到，却不见陈寔的影子。

当时，陈寔的长子陈纪在家门前嬉戏，朋友没好气地说:"你父亲在吗?"

陈纪回:"父亲等你到午时不来,已经先行出发了。"

朋友怒气冲冲,说:"跟人约好一块出门,却相委而去,真不是人哪!"

陈纪听了就对他说:"你与父亲约定午时见面,逾时不来,就是无信;对着孩子骂他的父亲,就是无礼!你不守信,不知礼,还能算是个君子吗?"友人对于这七岁孩童所言,当下羞愧万分。

一个人如果信口开河,轻诺寡信,不仅做事得不到助缘,也难以有所成就;甚至一旦信用破产,要再重建信誉,恐怕难如登天。一个讲诚信的人,必定受人尊敬;乃至为了履行对他人的承诺,即使必须牺牲自己的利益,也毫不犹豫。

一诺值千金,人际往来要游刃有余,得讲求信用;社会功能的发挥,更须仰赖诚信来维护。企业对员工讲诚信,才能赢得员工的忠诚;商业经营守信用,才能建立稳定的贸易往来关系;政府对社会大众诚信,才能凝聚人心,共创愿景;国际外交讲信义,才能维护世界和平。

小至个人培福进德,大到世界和平,都维系在相互的诚信上,我们能不谨言慎行,坚守承诺吗?

欣赏异己

有不同思维的人，执行不同的任务，才能使团体有更宽广的出路。

郗超与谢玄同在东晋朝廷为官，两人都极有才华，却因个性不同，对事对人的观点常有很大的歧异。久之，双方关系逐渐疏远，乃至不相往来。

有次，朝廷公开征求武将抵御前秦苻坚的侵略，谢安推荐谢玄。朝中大臣对于谢安的推荐有不同的反应，对于该不该委派谢玄重任，莫衷一是。郗超说："谢玄一定能成就此事。我曾与他共事，他很会用人，即使只有些微能力的人，也能使其才能发挥到极致。这一次他定能立功。"

果然，当苻坚拥着必胜的信心，率领"投鞭于江，足断其流"的九十万兵马，浩浩荡荡南下征伐东晋时，却被东晋以谢石为征讨大都督、谢玄为前锋都督的八万军马,大败于淝水。淝水之战后,捷报传来,有人对郗超识人的眼光大为叹服,更多的人推崇郗超不以个人恩怨评断人才的胸襟。

对于不同立场的人,一有机会就大加挞伐,是最没有意义的行为。一个团体,本就需要有不同角度,不同思维、不同看法的人,执行不同的任务,才能使团体有更宽广的出路,避免局限与褊狭。就像郗超,虽然不认同谢玄的个性,却能欣赏他的才华,并在必要时极力推荐,终于使东晋免于危难。

佛法中有句话说:"若要佛法兴,除非僧赞僧。"佛传八万四千法,依每个人不同的根机,选择不同的修行法门,只要能契机、能降伏烦恼,我们都赞叹。每个法门都有人弘扬、实践,佛法自能大放异彩,就不会没落衰微。

以人为镜

朋友对我们一生的成败实在是个转折点。

唐太宗常为魏徵直言快语的顶撞及毫不妥协的据理力争动怒，长孙皇后反而非常高兴地对太宗说："国有贤君，才有正直不屈的臣子，如果像夏桀、殷纣那样残暴的君王，就没有人敢抗言直谏了。"

又有一次，太宗和魏徵在一起谈天，魏徵表示要做一个良臣，不要做忠臣，太宗不解地问道："为什么？"魏徵答："我愿意像稷、契、皋陶一般，辅助尧舜治理天下，不想如龙逢、比干一样，在朝廷以死谏劝说纣王，得以忠臣之名！"太宗听后非常感动，说道："以铜为镜，可以正衣冠；以古为镜，可以知兴替；以人为镜，可以明得失。"

太宗以为，人借由镜子，可以整理衣冠仪容；借由历史，可以明白治乱兴衰的道理；以人为镜，可以反映自身言行上的得失。可见，不固执己见，懂得参考他人谏言、参考古今事，对我们品德修养的提高，具有很大的帮助。

谈到谏言，人际当中朋友是重要的一环。《孝经》中，提到友有四品："有友如花、有友如秤、有友如山、有友如地。"如山如地的朋友，才是值得结交的朋友，因为他们心胸宽阔、正直信实、懂包容、知付出，如《论语·季氏》中，孔子认为的益友应是"友直，友谅，友多闻"。

朋友对我们一生的成败实在是个转折点，怪不得古训常教诫我们"近朱者赤，近墨者黑"，交友得当，不但能以此开阔视野，加深生命的厚度，在道业、事业、情感等方面，都将受益无穷。

韩休直谏

有虚心接纳反对意见的雅量，才能达到同体共生的圆满世界。

唐玄宗曾任命韩休担任宰相。韩休个性耿直刚毅，又不热衷名利，对于朝政往往仗义执言，也不怕得罪别人。当宰相后，称职地辅佐朝政，赢得了众人的钦仰。就连皇帝言行举止的过失，韩休也是直谏无惧。玄宗有时警觉到自己有过失，总会问侍从："韩休知道吗？"往往话刚说完，韩休的谏疏就已送达御书房了。

为了韩休公然顶撞，唐玄宗常常闷闷不乐地对着镜子叹气。左右侍从建议玄宗："自您任命韩休作宰相之后，消瘦不少。如果不喜欢韩休，为什么不把他免职？"玄宗叹口气说："我虽然瘦了，但天下必定能富足。以前萧嵩奏事时，常常能揣摩我的心意，顺从我的旨意，但每当退朝后，我总是睡得很不安稳；现在韩休在公事上常常据理力争,不顺从我,有时甚至让我颜面无光,真想把他给杀了。但是,因为我知道他必是为大局着想,不致有失,因此,即使在朝廷上有所争执,退朝后我都能很放心,睡得很安稳。我重用韩休,是为了国家,而不是为了我自己。"

再有能力的人,也无法只手撑天,总是需要许多贤能从旁辅佐,才能有所成就。国家的安定如此,社会的健全如此,家庭的幸福美满也是如此。身为一国之君,一家之长,不能单凭自己的好恶作主宰,要能容得身边的人不同的想法,有虚心接纳反对意见的雅量,才能达到同体共生的圆满世界。

"泰山不拒细壤,故能成其高;江海不择细流,故能就其深。"做人处世亦同,唯有宽大容物才能领导他人。而身为属下,要提出谏言时,除了注意表达的态度,措辞的技巧外,也要谨守职位伦理,拿捏分寸,才不致引起误会,方能达到谏言的目的。

君臣之间

做领袖的人要有管理的智慧，能够知人善用、量才运用。

耶律楚材，契丹族人，为辽国王室的后裔。楚材出生时，他的父亲耶律履已经六十岁了，当时金国的朝政日益败坏，耶律履有所感慨地对旁人说："吾六十得此子，吾家千里驹也，他日必成伟器，且当为异国用。"因此，取《左传》里"楚材晋用"的典故，为儿子命名"耶律楚材"。

耶律楚材果然不辜负父亲的期望，博学多闻，思路敏捷，下笔成文。不仅能读汉书，精通汉族文化，甚至天文、地理、律历、医术、儒释道学等，无一不精。成吉思汗率蒙古军攻破燕京以后，知道耶律楚材很有才能，特别礼请他来辅佐朝政，并给予很大的重用。元朝重要的典章制度，大都出自耶律楚材之手。

后来，窝阔台继位，依然倚重耶律楚材。为了使政令能够贯彻执行，耶律楚材常常挺身而出，与权贵对抗。有一次，窝阔台的一位宠臣犯下罪行，耶律楚材得知后，毫不留情地依法逮捕审问。窝阔台得知后很不高兴，又因听信谗言，一怒之下，令人把耶律楚材关起来。后来，窝阔台对自己的行为感到懊悔，于是又令人释放了耶律楚材。

岂知耶律楚材不肯罢休，提出抗议："陛下下令逮捕臣，如果臣有罪，就应当宣布我的罪状。现在又释放了臣，证明我没有罪。君主轻率反复地处理问题，犹如儿戏，怎么能够治理天下呢?"在场的大臣听到这番话，无不大惊失色。不过，窝阔台毕竟不是一般的皇帝，于是承认道："你说得对，我虽然贵为皇帝，也是会犯错啊!"

由于成吉思汗、窝阔台和耶律楚材君臣之间，能够彼此互信、彼此相依，因此在耶律楚材辅政近三十年间，使元朝从战争不断的乱世，转为政治和平的盛世。所以，做领袖的人要有管理的智慧，能够知人善用、量才运用，良禽自然会择木而栖，良臣会择主而来。同样，如果有好的因缘，遇到赏识我们、肯给我们机会发挥的主管，我们也要好好努力把握，毕竟世有千里马，而伯乐不常有啊!

虱子是哪里生出来的

人间有情，各有度化因缘，两相欢喜就好。

有一天苏东坡和秦少游在一起吃饭，两个人才华都很高，经常为了谈学论道互不相让。这天吃饭的时候，刚好看到一个蓬头垢面、身上爬满了虱子的人走过，苏东坡就说："那个人真脏，身上的污垢都生出虱子来了！"秦少游坚持异议，说："才不是呢！虱子是从棉絮中生出来的！"

两人各持己见，争执不下，便决定去请佛印禅师主持公道，评判谁输谁赢，并且互相商议，输的人要请一桌酒席。

苏东坡求胜心切，私下跑到佛印禅师住处，请他务必要帮自己的忙："禅师！禅师！我跟秦少游打赌虱子是哪里生出来的，请您务必要讲虱子是人身上的垢秽而生的，拜托您了。"佛印禅师一向给人欢喜，直说：

"好！好！"

过后，秦少游也登门拜访，请禅师帮忙："禅师！我和苏东坡打赌，辩论虱子是哪里生出来的。我说是棉絮里生出来的，请老禅师务必帮忙，说虱子是棉絮里生出来的，这样我就赢了。"佛印禅师也说："好！好！"

面对佛印禅师的允诺。两个人自以为稳操胜算，毫无挂心，等着看对方的好戏。

揭晓的日子终于到了，佛印禅师正色地评断道："虱子的头部是从污垢中生出来的，而虱子的脚部却是从棉絮中生出来的，所以你们两个人都输了，应该请我吃宴席。"

佛印为此写下一首诗："一树春风有两般，南枝向暖北枝寒，现前一段西来意，一半西飞一半东。"物我一体，何分自他、内外。同一棵树，虽然接受同样的空气、阳光、水分，但片片树叶，有绿有黄，有嫩有枯，各有不同生机，却又不相妨碍，同体共生。

佛印禅师虽透得此境，但人间有情，各有度化因缘，两相欢喜就好。

意其如此

欧阳修赏才爱才，为国家拔擢人才、提携后学，造就了中国文坛一颗耀眼的明星。

北宋仁宗时，朝廷举办科举考试，欧阳修为"知贡举"，也就是主持进士考试的大臣。当时，"唐宋八大家"之一的苏轼年方二十一，也在考生的行列之中。

苏轼的试卷《刑赏忠厚之至论》中写道："当尧之时，皋陶为士。将杀人，皋陶曰'杀之'三，尧曰'宥之'三……"意思是，尧帝在位时，掌管刑狱的皋陶欲将一名犯人处死，皋陶三次主张"该杀"，尧帝却三次说应当"赦免"。诗人梅尧臣阅卷后，对苏轼《刑赏忠厚之至论》一文赞不绝口，将之推荐给欧阳修。欧阳修也是"得东坡之文惊喜"，却因为怀疑是门人曾巩的作品，恐怕招众人议论，而将之降为第二。

只是，欧阳修与梅尧臣对文中尧帝与皋陶的对话，左思右想仍然不知语出何书。等苏轼前来拜谢时,欧阳修才问道:"你的试卷中有一段尧帝与皋陶的对话,不知道是引用哪一部典籍?"苏轼回答:"《三国志·孔融传》。"

欧阳修查《三国志》并无此文,于是再问苏轼。

苏轼以《三国志》记载的一段故事说道:"曹操灭袁绍时,将袁绍之子的夫人甄氏赐给曹丕。孔融为此写信给曹操,表示'昔武王以妲己赐周公',曹操问他出处,孔融回道:'以今日之事观之,意其如此!'尧与皋陶的对话,我认为也是'意其如此'。"

孔融认为,曹操早就觊觎甄氏,怎么可能赐给曹丕?就好像周武王讨伐纣王,虽然将纣王的宠妃妲己赐给弟弟周公,其实是自己想要拥有妲己。孔融故意编造这个故事,来讽刺曹操。而苏轼则引用孔融"意其如此",杜撰尧与皋陶一杀与一宥的对话。

欧阳修惊叹苏轼的才学,说:"苏轼不但善于读书,更善于用书,他日文章必然独步天下。"

欧阳修赏才爱才,为国家拔擢人才、提携后学,造就了中国文坛一颗耀眼的明星。其胸襟确实为人津津乐道,引为典范。倘若人间多有欧阳修这等宽宏气度的大丈夫,想必会更加的璀璨绚丽。

踩进泥水坑

一个人要谨慎于初始很容易，能维持到最后一刻的善终却不容易。

明代进士张瀚，晚年退出官场后，将其一生的见闻及经历，写成《松窗梦语》一书，以作为后世人立身处世的参考。其内容不仅涉及各地的风俗民情、工商财政等，也透露出他为官做人所坚持的理念。

张瀚初任官职时，曾在都察院观摩实习处理政事的方法。当时的左都御史王廷相，是世人口中德行兼备的名臣。

有一次，张瀚因病请假，王廷相特地请人来探视。为了感念长官对新进后学的爱护关照，张瀚在假期满后便立刻前往王府拜访。

原本以为王廷相会告诉他一番做官的大道理，没想到见了面，王廷相先为他讲了一则小故事：

"昨天的那一场大雨过后,我借着雨势稍停的空当,乘轿进城办事。

"当我坐在轿上时,感觉到一路上颠颠簸簸,走走停停,我心想:这雨已经停了,难道路上还会有什么特别的状况吗? 当我拉开轿帘一看,原来是一位帮我抬轿的轿夫,他脚上正好穿了一双新鞋子。

"这一路上满地泥泞,只见那位轿夫怕地上的泥水溅污了他的新鞋,于是费尽了心神,尽可能地把脚落在干净的地面上。谁知道转进京城之后,泥泞渐多,到最后终于避无可避。

"轿夫一个不小心,就一脚踩进了泥坑里。他眼看着新鞋已经脏污了,接下来就不再顾惜自己的鞋子,任由它沾满泥浆。"

张瀚正听着出神,王廷相突然语锋一转,慈祥地对他说:

"不要小看了这一件事,为人立身处世的道理也是一样的。一个人如果不小心犯了错误,往后就很容易因循苟且,无所忌惮,不可不慎啊!"

张瀚听了之后,十分感佩于王廷相给他的警示,终身谨记不敢忘。

世上，小罅可以溃堤，微隙可以伤谊，防微杜渐，始能弭患。为人处世，都必须以小心谨慎的心情来面对每一个当下。从历史的借鉴可知，一个人要谨慎于初始很容易，能维持到最后一刻的善终却不容易，稍有不慎，就很可能会因为一个小小的错误而丢失了原初的坚持。

在佛门里，有时候用人不讲求能力，而在于他有没有因果观念。如果一个人有了因果观念，也一定会有道德观念。所谓"菩萨畏因，众生畏果"，菩萨敬畏因缘，慎于始，不随便乱来；而凡夫和众生不明因果，心存侥幸，以为做了什么没有人知道，却不知一念苟且，后患无穷。

左宗棠的肚子

人之相知，贵相知心。

清朝左宗棠非常肥胖，有一个大肚子，他常常喜欢在茶余饭后捧着自己的肚子，自得地说："我不辜负我的肚子，我的肚子也不辜负我。"有一天，他心血来潮，问左右的人："你们知道我肚子里装的都是些什么吗?"

"有十万甲兵。"

"满腹经纶呐!"

"包罗万象。"

部下们七嘴八舌，想尽力讨好这位将军，却都被左宗棠摇头否决。就在大家搔头摸耳，穷尽心力揣测左宗棠的心思时，突然有一个小兵大声说道："将军肚里装的全是'马绊筋（牛吃的草）'。"

左宗棠一听大乐，拍着桌子说："对! 就是这个答案。"并将小兵升了官。

牛能任重道远，左宗棠一向以牛比喻自己，说他肚里全是草，正合乎他是牛的心意，难怪要升小兵的官。

人与人相交，重在相知，而相知贵在知心，所以汉朝李陵说："人之相知，贵相知心。"知音，知己，知交，知友，知心，能够深入交往、无所不谈的朋友，都因为相"知"。

知，是一种真诚，一种相惜，一种认识，一种明白，一种智慧。因为认真以待，推心置腹；不一味说好听的话，而能说于对方有益的话；能用心体会对方的心思，适时给予鼓励、安慰；能以对方为优先，持有老二哲学的态度，所以能结交到良友、益友。

如果慨叹自己为何没有结交到知己好友，不妨先自问，是否懂得做一个朋友的道理呢？

张大千的胡子

赞美也要有艺术，要能皆大欢喜，要能实至名归。

佛教修行中有所谓的"赞叹法门"，如赞叹佛陀"天上天下无如佛"，赞叹佛法"无上甚深微妙法"，赞叹僧宝"僧宝清净不思议"。赞美讲究真心真诚，讲究分寸、礼貌、恰如其分，更讲究适时、适地、适人；赞美也要有艺术，要能皆大欢喜，要能实至名归。

张大千先生留有一把漂亮的胡子，人称"美髯公"，更有人研究其睡觉的时候，胡子是摆在被单的外面还是摆到里面呢？

有一次在一个欢迎会上，大家又开始赞美起他的胡子，却老是不提他在艺术上的造诣，他为此很不开心，于是就说了一段故事。

过去孔明六出祁山的时候，军中恰巧少了一位主帅，关公的儿子关兴及张飞的儿子张苞，争相做先锋，两个人僵持不下。孔明对他们说："你们两个人说说自己父亲的丰功伟绩，看谁讲得最精彩，最能让人信服，就让他做主帅吧！"

张苞说："我爸爸手持丈八点钢矛，喝断霸王桥，百万军中取上将首级如探囊取物。"

关兴因为有口吃，于是结结巴巴地说："我的……爸爸、我的……爸爸。"他"爸"不出来，最后就说："我的爸爸胡子很长。"

这时关老夫子从云端中显灵，大声一喝："小子，你爸爸斩颜良、诛文丑，过五关斩六将，这么伟大的事迹你都不知道要说，只会说老子的胡子长。"

赞美固然好，但也要得体，否则不免令人有阿谀逢迎之感，甚至遗人笑柄，反而失却美意！就算拍马屁也要拍得适宜，不好将马屁拍到马脚、马头上，赞美不成，反而贻笑大方。

心净国土净

在日常行事中，添一点善念、一丝慈悲、一些功德，我们的心灵也会如花朵芬芳美丽。

现代佛教里，常有发心到寺院里洒扫、捡菜、莳花、行堂的义工菩萨，在俗事之外，空出时间庄严道场，服务大众。

有一位信徒发心在寺庙里插花，寺里的知客师走到她身旁，微笑地说："人美、花香、功德无量。"

这个信徒听到师父的赞美，便问："法师！在家里不宁静，烦恼重重，所以到寺庙里来，做一点事情求个安静。请你告诉我怎么样才能去除烦恼，使身心清净安定呢？"

法师反问："你在修剪花草时，如何让花经常保持清香芬芳，不要萎谢呢？"

信徒说："每天替它换水，时时修剪，花的寿命就会长久而芬芳娇艳。"

法师说："同样的道理，如果要远离烦恼，得到身心自在，就要在日常行事、触目遇缘中，将习气消除，把过失剪断，并加添一点善念、一丝慈悲、一些功德，我们心灵也会如花朵芬芳美丽。"

确实，家庭中，因为彼此长期相处，了解甚深，难免会产生口角、摩擦与争执。俗话说"家和万事兴"，家庭要能和谐、安宁，就要将好说道理的恶习剪断，添加慈爱的清水，体贴的阳光，互相爱护、互相尊重、互相关怀。

家不是一个人的，而是一家人共同的拥有，是彼此以"爱"联系的；每一份子都应该有所付出，为"家"注入善美、慈爱的因缘，才能打造一个安乐窝，一个让人放心、无罣碍的美丽净土。

唱歌五块钱

凡事站在对方的立场想想，自能在其中寻出一条让自己走出愤怒、不满、困扰的路来。

有一个退休的老人，心里想，一生劳碌，现在退休了，应该为自己找一个安静美好的环境安享晚年，于是他买下公园旁的一栋别墅，准备在此颐养天年。当他刚住进去时，环境的确幽雅宁静，但是过了不久，公园里突然出现了一群年轻人，放肆地游乐、唱歌、跳舞，从此公园失去往日的静谧。老人大受其扰，他左想右想，突然灵机一动，想到一个好方法。

这天，他走进公园，对这群年轻人说："年轻人！以后请你们在这里唱歌，你们每唱一首歌，我就给你们一百块好吗？"大家鼓掌叫好。

唱了几天以后，老人又来对他们说："各位青年朋友们，我现在老了，没有上班，收入有限，以后只给五十块。"年轻人想，"好吧！五十块就五十块。"他们还是每天来到这里唱歌取乐。

又过了一段时间，他又说了："青年朋友们，我的养老金现在慢慢地减少，快要不够用了，我没办法给你们五十块了，只能给五块钱。"这些青年不以为然，已经从一百块减到五十块，现在又想要跟我们减到五块，算了！不要唱了。从此他们再也不来公园唱歌了，这样也称了老人的心意。

老人未曾以拒绝、反对的立场处理问题，只是运用智慧、方法，在不伤和气、不起纷争的情况下解决令他困扰的问题。任何的难题，解决之道不是只有大动干戈、生气怒骂才得以解决，单凭我们的智慧及一份理智的心，善用爱语、妙方，在一团和气、不伤感情下也能圆满解决。

凡事站在对方的立场想想，自能在其中寻出一条让自己走出愤怒、不满、困扰的路来。

罗伯特博士的实验

鼓励、赞美、柔软的爱语与对待,将影响对方是成功或失败。

曾经看过一篇文章,内容描述罗伯特博士主持的一项实验,实验的对象是三组学生与三组老鼠。实验开始,他分别对三组学生说了不同的话。

"现在开始,你们将与一群天才老鼠在一起六个星期。这群优秀的老鼠能够自己找到迷宫的出口,因此你们得多放一些干酪,好让它们享用。"罗伯特认真地对第一组同学说明。

"你们将与一群平庸的老鼠相处六个星期,这些老鼠可能要费一些功夫才能走出迷宫。所以,不用放太多干酪,对它们也不用期望太高。"罗伯特仔细交待第二组同学。

"很不幸,跟你们在一起的这群老鼠,资质极差,恐怕无法走出迷宫顺利抵达终点,我想你们也不用放干酪了。"罗伯特愁眉苦脸地对第三组同学说。

六个星期后,第一组老鼠果然在短时间内,顺利抵达终点,第二组老鼠虽然也抵达了终点,但花费较长的时间,至于第三组老鼠仍在迷宫里打转。

这样的结果,是因为三组老鼠真有资质的优劣好坏吗,还是罗伯特料事如神呢? 其实,老鼠都是一样,差别在于同学们对老鼠的态度,而同学们的态度则受罗伯特言辞的影响。

教育孩子、领导属下、与人沟通,乃至种植花草都是如此,鼓励、赞美、柔软的爱语与对待,将影响对方是成功或失败、乐观或悲观、苗壮或枯萎。

因此,常说舒言悦语,学习菩萨口宣仁德的行仪,让他人生起信心与动力,也是功德一件啊!

一罐牛奶的教育

以言诲人，是以善教人；以德熏人，是以善养人。

教育，是孩子心智发展的基石，在各项教育中，家庭教育扮演着相当的影响力。父母亲的言行，对孩子行为的反应等，攸关着孩子人生观、人格优劣、为人处事的态度。曾经看过一则故事，正好说明了这个道理。

美国有位医药发明家，自小就爱喝牛奶。有一回，他打开冰箱想拿牛奶喝，一没抓稳，整罐牛奶泼了一地。看着满地的牛奶，他惶惶无措。不一会儿，妈妈朝厨房走来，他更是胆战心惊。只见妈妈惊喜地说道："好漂亮喔！你看多壮观的牛奶海洋。"妈妈的反应，让他原来的胆怯顿时烟消云散。

妈妈摸了摸他的头说："来！我们来玩个游戏，你跟妈妈一起将牛奶海洋送到门外，好不好？"他高兴地点点头。随后，妈妈带着他将厨房彻底地打扫一番，又教他如何拿，才不会打翻牛奶。

以鼓励的教导代替责骂，能培养孩子心理世界的平静与积极性：遇到挫折时，他们懂得以平和的心情处理和面对；面对自己的过失，他们勇于承担；对于世事，他们知道包容、谦让的可贵。

在教育上，严格管教与慈悲爱护都是必需的，因为不严则不敬，不爱则不服。禅门祖师教导弟子之心，正可以借鉴：仙崖禅师以关怀感化夜游学僧；良宽禅师才一句"年纪大了，鞋带都系不动"，巧妙地化导浪荡的侄儿；赵州禅师以一句"小便别人无法替代"，警惕学人须直下承当；南隐禅师运用一句"茶杯满了"，点拨行者不可自满；乃至佛陀教导弟子，绝少打骂、拒绝、责备、否定，大都用鼓励关怀的方式，让弟子知错能改。

曾国藩说："以言诲人，是以善教人；以德熏人，是以善养人。"运用智慧、慈悲、关爱、鼓励教育孩子，必定能在无形之中发挥潜移默化的功效。

现代家庭

彼此坚守岗位,这是现代家庭应当学习的重要课程。

曾经,在报纸上看到一组漫画,漫画里叙述一个家庭,平时先生出门,太太都会仔细问明去向:今天做了什么?钱用到哪里去了?为此,先生大感不满。

一次,先生下班回家,在身上挂了一块牌子,上面写着三个字:别问我。太太一打开门,就看到先生挂的牌子"别问我",她也早有预备,即刻转过身来,原来在她的背后也背了一块牌子,上面写了三个字:别烦我。意思是要告诉丈夫,不要找我麻烦,就此我也不问你,你也不要跟我讲什么。

先生进房子里,女管家也赶紧竖起一块牌子,上面写了三个字:别叫我,就是不要叫我做事的意思。没想到,小儿子在客厅看电视,也立刻弄了一块牌子,马上竖起来给爸爸看，上头写着"别揍我"。

一个家庭，夫妻、儿女、主雇之间成了这般景况，还有什么幸福快乐可言呢？丈夫不像丈夫，妻子不像妻子，父母不像父母，儿女不像儿女，主管不像主管，仆佣不像仆佣，失去了自我节制、自我道德，失去了伦理观念，这些都是现代家庭情感的危机。

为人丈夫者，应该要对家庭负责，对于家庭要施予爱心、给予照顾、制造欢笑。过去的女孩子嫁人，都要问哪一家有钱，哪一个有学历？现在的女孩子嫁人，要求的是男人有幽默感，让家庭有笑声、有欢乐。所以，重塑大众的道德观念，彼此坚守岗位，这是现代家庭应当学习的重要课程。

你对我错

从让步、吃亏中冶炼心性,扩大自己的心量。

"人间佛教"非常重视人际间的相处,然而人和人的相处却不容易,时时会有争执、吵嘴、误会,纠纷不已。问题的解决之道,我提倡"你对我错"、"你大我小"、"你有我无"、"你乐我苦",凡事退让一步,多尊重他人。表面上看似自己吃亏,实际上却是占便宜的,因为我错、我小、我无、我苦的世界,没有争执怨怼,心里坦荡宽容,很多问题都能迎刃而解。

过去有两户人家紧邻而居,张家的人相处融洽,过着美满的生活;李家的人,三天一大吵,五天一大闹,搞得鸡犬不宁,无法安静生活。

有一天,李先生好奇地跑来问张先生:"为什么你们一家人从不吵架,能够和睦相处呢?"

"我们家都自认是坏人,所以能互相忍耐,相安无事；而你们家都自以为是好人，因此争论不休，常常打架。"

"这是什么道理呢？"

"譬如茶几上摆着一个茶杯，有人不小心把它打破了，不仅不肯认错，还理直气壮地大骂：'是谁把茶杯摆在这里的？'放杯子的人也不甘示弱地反驳：'我放的又怎样，是你不小心打破的。'两人彼此不退让，自以为是好人，僵持不下，当然吵架了。反过来，打破杯子的人如果能够道歉：'对不起，是我疏忽。'对方听了也马上回答：'这不怪你，是我不应该把茶杯放在那里。'彼此肯承认自己的过失，互相礼让，怎么会吵架呢？"

确实，与人相处要低姿态，常说"对不起"、"我错了"、"抱歉"、"我不好"、"你的能量真大"、"你好"、"你真了不起"。学习水的就下，谦卑自恭，好处让别人享受，坏处自己承当。常常赞美别人、尊重别人，从让步、吃亏中冶炼心性，扩大心量，相信人与人之间的相处，一定和乐融融。

一句好话，往往带来意想不到的好结果。

常常赞美别人、尊重别人，从让步中冶炼心性，扩大心量。

爱语关怀、鼓励赞美，

是扫除心灵尘垢的利器，

善于运用，度己度人。

发自内心赞美他人，
虚心学习他人的优点。

话题

夫妻相处,拥有共同的话题很重要。

　　纵观现代社会,离婚率日渐攀升,甚至许多青年男女抱持不婚、不生的主张,家庭结构演变出"单亲家庭"、"隔代抚养家庭"、"丁克家庭"、"同居不婚家庭",早期五代同堂的热闹和乐已不复见。当然,造成这种趋势的原因很多,我们单就夫妻相处之道探究,会发现这其中有世间男男女女必须学习的地方。我们先从一个故事说起。

　　有一个女孩的父母亲拥有高学历,又是自由恋爱结婚的,但是婚后父母感情并不好,交流也愈来愈少。平时,父亲沉浸在自己的兴趣消遣中,母亲忙于家务,两人鲜少互动、谈天,家里的气氛更是冷清。女孩看在眼里,在心中产生无法理解的疑惑与对婚姻的恐惧。

　　后来,女孩也自由恋爱结婚,同样高学历的丈夫与她，婚后仍是愈来愈少交流，工作之余，丈夫弹弹吉他，唱唱歌，她则是埋首于家事中。一个下午，当她在客厅擦地板时，忽然感觉到丈夫弹的曲子十分动听，不经意脱口对丈夫说："这曲子真好听。"丈夫惊讶，回道："这曲子我天天都在弹，你怎么现在才发现它好听？"

这个撞击，促使他们坐下来好好谈谈，才发现彼此少有交流的原因，是缺乏了共同的话题和兴趣。沟通后，两夫妻决定回到婚前的时光，重新以谈恋爱的心情相处：他们在厨房的冰箱上留言，交流心得与情感，下班后一起到公园散步谈心，培养兴趣……慢慢调整相处的模式与步调后，夫妻俩开始有了共同的话题，感情也日益深厚了。

夫妻相处，拥有共同的话题很重要。唯有如此，心灵才有交流，生活才能有内容。否则双方的情感会像平行线各自发展，影响所及不只是夫妻的情感，还会影响子女对婚姻的看法，更将影响整个大社会，到最后就真的是"携手"走进婚姻的墓场了。

同归于尽

懂得欣赏，自能发自内心赞美他人。

有些人，存有一种"同归于尽"的心理，因为自己能力不足，也希望别人没出息、没发展。对于读书进修，他们说，读书能有什么用处；学习语文技能，又讥讽学会外语、拥有技能有什么了不起；勤奋努力做事，却又调侃：哎呀，光会做事能如何，又没官做，更没地位。举凡一切想法和行动，他们就是看不起。

这一种人没有随喜赞叹的修养，容不下好人好事。看人建造大楼，他们冷言以对：不过是一栋大楼；建造一座公园，又认为：建公园对社会的贡献何在？即使天下好事做尽，也无法获得他们些许的认同。

这一种人自己没作为、无建树，没有能力修桥铺路，不愿做善事，不能担当，不能胜任，心里也不欢喜别人能做、肯做。一旦别人有作为或是完成目标，不是心生嫉妒,就是歧视、批评,弄得自心和生活乌烟瘴气。

我们可曾扪心自问,是不是也存有这种"同归于尽"的心理,凡事都说别人不好,别人不对,不甘愿表扬好事,不懂得赞许别人的优点呢?

要导正这种心理,就要从学习"欣赏"开始,以欣赏一幅画、一首歌、一片美景的心情去欣赏别人,欣赏每一件事。这种"欣赏"的训练,可以培养我们的艺术眼光与包容的心胸。例如,欣赏朋友的穿着,欣赏老师的教学,欣赏同事的处事,甚至欣赏陌生人的善意等。

懂得欣赏,自能发自内心赞美他人;能够赞美,便可以虚心学习他人的优点,充实自己的能力。一旦能力具足就会生起自信,有了自信就能有作为,大有作为后,自然就不会心存"同归于尽"的心理了。

想想,大家共生共存,不要"同归于尽",这样的人生不是很美满吗?

停车铃

给人信心,给人欢喜。

仲夏的午后,空气十分闷热,公车内的乘客纷纷打起呵欠。车上一个小孩耐不住无聊,不时拉拉停车铃为乐。

"铃……铃……"铃声划破车内的寂静,司机将车子停稳,却不见有人下车。司机再继续往前开,过了红绿灯,铃声再度响起,仍然没有人下车。司机笑了笑,将门关上。车内的乘客都显得烦躁,却见小孩子的恶作剧就这样一次、二次、三次……的发生。

到后来,每次将要靠站的时候,司机就会回头对着小孩子讲:"小朋友! 要到站了,你拉一下停车铃吧!"

全车的人听到司机的话,无不心生好奇,驾驶座位后面的乘客忍不住问司机:"司机先生怎么这么有修养,一点都不生气呢?"

司机指着驾驶座前面供奉的一尊观世音菩萨像说：
"有修养的是她，不是我。我是跟她学习的。"

　　是的，学习佛菩萨的修养，对我们在应事接物上十
分重要。信佛，拜佛，念佛，求佛，更要学佛，学佛的慈
悲、宽容、爱语与坦诚，用佛的音声，给人信心，给人欢
喜；用佛的眼睛，观看世间一切人、己、物、事；用佛的心
境对待所有遭遇；用佛的威仪修养自己。在渐渐的学习
当中，我们也能具足佛的自在安然。

　　希望人人都能学习司机先生的修养，学习佛菩萨的
德行，学习做一个自在的活菩萨！

不讲话的可怕

想让这个世界是个彩色的世界，就要有笑容。

几十年前，我来到高雄大树建设佛光山，一路走来，也定下不少弘法的大目标，像是要国际化、要现代化、要制度化、要人性化。制度化中，有职务升迁、调动，财物管理、人事运转等条例，其中尤以人事的调动最为繁杂。

曾经我建议把一位年轻的徒众，调到佛光山体系下的某个道场，道场的住持满脸痛苦的表情，并说："不能不能，我这里不缺人，请他到别处去吧！"我想：既然不缺人，换一个地方不就行了。"不能不能，他如果调到我这里来，我会受不了。"又是一次拒绝。我觉得奇怪，于是问徒众：

"为什么这个人调来这里帮忙做事，会让人受不了呢？他有什么不好吗？"

"师父，你有所不知，他都不开口讲话呀！"

"不讲话有什么要紧？"

"如果说是桌子、椅子、茶杯、碗盘不讲话那还不要紧，一个人不讲话，我可受不了。不讲话的人太可怕了。"

徒众这一番话，我反复深思之后，倒也能够认同：不讲话的人是可怕的，一个不讲话的人，别人无法清楚他心里的想法，是好意还是坏意？是欢喜或是不欢喜？实在无从了解。对一个不讲话的人，神仙都难下手了，何况是人呢！

人人都欢喜生活在一个尽善尽美的世界，但这必须要从自己做起：想让这个世界是个彩色的世界，就要有笑容；要让这个世界是一个有动作的世界，就要跟人家招手、握手、行礼。因为这是一个有声音的世界，要懂得表达，好和不好要讲清楚、说明白，不讲话只会让对方误会，甚至揣测猜疑，彼此也就难以相处了。

要想活在尽善尽美世界里，想要了解别人，就得先从自己入手，先从自己被别人了解开始吧！

重拾欢乐

每一个人都可以为人制造欢喜、制造快乐。

张晓英从小活泼大方，左右邻居都很喜欢逗她玩，无奈五岁读幼儿园时的一场病魔，夺去了她往日的欢乐。因为双腿肌肉萎缩，不良于行，晓英只得暂时辍学，待在家里养病。看着过去的玩伴一个个高高兴兴地上课、玩耍，她却只能穿着两只铁脚，在家里吃力地练习走路，一阵愤怒不禁涌上幼小的心灵，渐渐地，她变得既孤僻又多疑。一点点不称心，就掼东西、摔玩具，哭闹不休，张先生、张太太都拿她没办法，只有凡事顺着她的意思。

有一天，对门信仰佛教的王妈妈上班经过张家门口，听到晓英在大哭大闹，顿起怜悯，于是走进去哄她、逗她。

"讨厌！要你管！"晓英大吼，说着一拐一拐地走进房门。

王妈妈并不气馁,每天都抽空来张家,耐心地给晓英种种爱语鼓励。久而久之,在王妈妈的慈悲关怀下,晓英回复以前的开朗,张家再度充满了笑声。七年来,王妈妈和晓英变成了朋友,亲密得有如母女。

七年以后,王妈妈搬走了,晓英哭了好几天,从此变得更乖巧祥和,而且善解人意,每天放学回家,都会主动帮忙家务,为父母分忧,从此以后,全家洋溢着一片幸福。

张妈妈感激之余,逢人便说:"感谢王妈妈,我虽然生了晓英,但她为我们一家带来欢乐。"

不只是王妈妈,每一个人都可以为人制造欢喜、制造快乐,关键只在于我们用什么去制造欢喜、制造快乐。如果有爱心、慈悲的特质,就能以此帮助别人制造欢喜快乐;有信仰、智慧的宝藏,就能以此帮助别人制造欢喜快乐。重点不在于我们拥有什么利器,只在于我们愿不愿意大方付出,服务奉献,做一台为人间制造欢喜快乐的机器。

背母亲

把我们强硬的心改成惭愧的心，把怨恨的心改成感恩的心吧！

有一个母亲因为儿子的叛逆，日日忧心。纵使她费尽唇舌劝导，仍然挽回不了儿子浪荡的心。不肖的儿子对母亲的苦心不但不领情，还认为母亲太过保守，束缚他的自由，于是决定离家出走。母亲面对儿子的离家，又音讯杳然，伤心欲绝，终日以泪洗面。时日久了，竟哭瞎了双眼。

几年后，母亲辗转得到儿子入狱的消息，因为挂念儿子，想尽了办法到监狱探望。探监时，由于隔了一道玻璃，思子心切的母亲请求让她能够摸摸儿子的头，办事人员感动于一个母亲的爱心，就成全她的心愿。母亲摸着儿子的头，一直鼓励他日后要改过向善。

终于，谈话时间到了，儿子看到母亲摸索的身影，心中生起不忍,他向办事人请求,背着瞎眼的母亲到大门,让她乘上出租车。办事人员因为他在狱中没有不良的记录,也就没有为难他。

儿子背着母亲,母亲对儿子说:"这一刻是我一生最快乐的时候。我啊!想起你很小的时候,晚上怕黑,妈妈也是这样背你,哄着你入睡。今天你也能背妈妈,妈妈感到很欣慰,就是死了也没有什么遗憾了!"儿子被母亲的话感动,回忆起母亲养育的辛劳,从此洗心革面,在狱中发愤读书,出狱后更考上一流的大学,成为社会上能干有为的青年。

不肖的儿子由于母亲慈悲爱语,终于幡然醒悟,弃暗投明。人,原本都有一颗良善纯净的心,由于外在欲望的钩牵,便被世间的牢狱囚禁,不得出离。

换心改性,才是我们解脱的因缘。聪明的人儿,也把我们强硬的心改成惭愧的心,把怨恨的心改成感恩的心吧!

提款记

举手之劳，若是乐意去做，自然心生欢喜。

越来越多的现代人，或因繁忙的工作，或因恼人的人际关系，或因复杂的情感问题，或因沉重的经济负担，不知不觉地把自己绷紧，把自己的心门关得牢不可开，不知人生的意义与生活的乐趣，甚至失去动力，变得盲目、迷惘。

其实，生活当中时时处处都有欢乐，只是我们懂不懂得从大大小小、点点滴滴的事物里创造欢乐。

有一位小姐趁着午休时间，到公司附近的邮局提款。恰巧排在她前面一位老态龙钟的阿婆也要提款，可是阿婆却不知如何填写表格。办事人员看看后面，笑容可掬地说："小姐，您方不方便帮这位老太太填表格？我趁这个空档先办您的。"

"当然可以。"

过一会儿，这位小姐已经填好表格，和阿婆热络地交谈着。办事人员把款项交给她，一接到阿婆的表格，就夸赞："小姐！你很慈悲，写的字也好漂亮！"

这位小姐也对着银行员说："你也很慈悲，好会处理事情喔！"

这时，在一旁等着要提款的法师，看到两位小姐手上都挂着念珠，于是慈蔼地说道："你们都是人间的活菩萨。"

凡事对人有益的，虽然只是举手之劳，若是乐意去做，自然心生欢喜，为生活创造欢乐。因为每一个人都可以做菩萨，菩萨不只是泥塑、木雕的佛像，菩萨是活生生的，是为人服务、为人奉献的！

金婚之喜

懂得掌握幽默，就等于掌握了智慧的结晶。

有对老夫妻，在金婚之年想要来一次有别以往的结婚纪念日。两人说好，这一天在当初恋爱时约会的老地方见面，重回年轻谈情说爱的时光。

结婚纪念日当天一早，老公公依约在两人说好的桥边等候。车来人往，时间逐步挪移，老公公从艳阳高照盼到月挂星空，从开始的兴致高昂等到兴致全消，仍不见老婆婆的踪影。老公公抑不住心中怒气赶回家里，却见到老婆婆安稳地躺在床上。老公公火冒三丈，指着老婆婆责问："你怎么还躺在这里？约会时间都过啦，你连半个人影都没出现？"面对老公公的炮火，老婆婆慢悠悠地回一句："妈妈会骂我的。"

原来，老婆婆带着老公公"回到过去"，回到两人交往时，父母严格管教的时光，想在金婚之年给老公公一个别出心裁的礼物。

　　人生有时也该如此,以"幽默"的言行为自他的生活留下特别的纪念,特别的回忆。

　　现代人生活步调快速,身心处在紧绷的状态,容易在与人相处上产生摩擦与误会,彼此恶言相向、大动干戈。适时的幽默,不仅能化干戈为玉帛,也能增加生活的乐趣。幽默是为人处世的润滑剂,能让对方会心一笑,拉近彼此距离。

　　幽默是谐而不谑,是自我调侃;如果伤到他人,或带有恶作剧的成分,就失去它的价值与用意。英国剧作家萧伯纳对不小心撞到他的路人说:"你的运气真差,如果把我撞死,你就可以名扬千里了。"就此化解一场纷争。美国作家马克·吐温在报上刊登文章,说"国会议员有一半以上是混蛋",以表达他对国会通过的某项法案的态度,因此引来非议,他立即登报更正:"我错了,国会议员有一半以上不是混蛋。"懂得掌握幽默,就等于掌握了智慧的结晶,可以一笑泯冤仇。

　　为人生增添些许乐趣和幽默,让人生由单调平凡转为气象万千。

人言成信

人和人之间的情感往来贵在真诚、守信用。

　　古人造字有其意义,"人""言"成信,意即人说话要讲信用。我的出家因缘起于家师志开上人问:"你要做和尚吗?"当下我没多想什么,随口应声:"要!"为了这句话,一生风风雨雨我无不忍受下来,不反悔、不退转。因为一个人要为自己所言守信用,任何风波苦难都得坚守的人,才堪称大丈夫。

　　有一位张德胜先生是一家中小企业的负责人,他善于经营,业务蒸蒸日上。张先生平常对员工非常照顾。一次,在办公室遇到业务部的老王,念及老王家境清寒,儿女众多,他顺口说道:"好好干,将来儿女的教育费,我会帮忙。"

　　谁料世事无常,一年之后,由于全世界经济不景气,公司倒闭了,张先生因此负债累累,生活变得十分困难,但是重然诺的张先生仍然东奔西走,想尽办法为老王筹措一笔可观的教育费。

年复一年,张先生节衣缩食,辛勤地工作,尽管度日艰苦却从来没有耽搁过老王子女的学费。妻子、亲友都不谅解地责问他:"自身都难保了,为什么还要顾念别人呢?"张先生回答:"'人言成信',我是人,怎么能够不守信用?"

"一诺千金"是课本里时时提示我们应有的为人之道。人和人之间的情感往来贵在真诚、守信用,如果对自己讲的话都不知珍惜,世间还有什么值得珍惜的呢?人言为信,珍惜自己的信用就是我们无限的资本与价值,世间贫富贵贱转眼成烟,信用才是无价之宝。

小姐不嫁

幽默风趣是家庭和谐的不二法门。

几年前,我在美国洛杉矶西来寺弘法期间,有一位从台湾移民来的妇女找我,倾诉一个母亲的烦恼:"师父,我的女儿已到了适婚年龄,却想做单身女子,拜托您度她出家!"出家岂能勉强? 这需要心甘情愿,也需具备出家的性格。然而天下父母心,我不忍心拒绝,便说:"我想先与你的女儿谈一谈。"

那个迟迟不嫁的小姐,终于奉母亲之命来找我了。

我开门见山地问她:"张小姐,你的年龄也不小了,应该找个对象了吧?"

她毫不犹豫地回答:"我才不要嫁人。"

"男大当婚,女大当嫁,是天经地义的事,为什么不要嫁人呢?"

"大师,现代的男人没有幽默感,生活毫无情趣可言。"

过去，女孩子嫁人，会先了解对方家里的经济状况如何？身体健康与否？职业如何？学问怎么样？这些都是择偶的基本条件。

现在的女孩子找对象，有所谓的"三高"标准，即是对方的身高要高，薪水要高，要有高楼大厦。她们讲求外表、富裕的物质、舒适的房子……着重外在的"门面"，更甚于心灵的"门当户对"，却不知彼此相近的兴趣与信仰，一致的人生价值观，种种精神共通的条件，才是维系婚姻的坚固磐石。

这位张小姐要求的是男人要有幽默感，这个结婚条件很有智慧。倘若男人缺乏幽默感，成日与没有表情的木头人生活，何来欢乐可言，又如何经营甜蜜的家庭？

所以，奉劝即将踏入婚姻生活的男女与天下夫妻，家庭除了吃穿享用，更须有精神上的欢笑和情意的友爱。幽默风趣是家庭和谐的不二法门，植物需要雨水阳光的润泽，才能欣欣向荣；人需要幽默的语言调剂生活，才能为家庭带来欢乐气氛。

听力的机器

闲言闲语多听无益，无建设的话多说无益，是非流言再传无益。

语言，不仅是人类文化留存、发扬的重要媒介，也是人际往来的利器，运用得当是一种功德，运用不当造成的损伤不可计量。

一次，爱迪生对海伦·凯勒说："你听不见任何声音也有好处，至少比较容易集中心思，不受外界干扰，像这样活在自己的世界里，不是很好吗？"

海伦·凯勒回答说："如果我是一位像你这样了不起的发明家，我希望能够发明一种使聋子得到听力的机器。"

爱迪生诧异地表示："你这么想？我可不做这种无聊事，反正人类说的话多半无关紧要，可听可不听。"

闲言闲语多听无益，无建设的话多说无益，是非流言再传无益；无益于人的话，不听、不说、不传，不做这种"无聊事"就是一种修行。

在佛教戒律中，"口"的修行很重要，像是十善当中，口业的修持就有不绮语、不恶口、不两舌、不妄语四者，因为人间的是是非非，多由不慎口业而酿成重重争执、祸患与动乱。所以，《修行道地经》说："口痴而心刚，不柔无软说，常怀恶两舌，不念人善利，所言不了了，藏恶在于心，如灰覆炭火，设蹑烧人足。"粗言谩语伤人害己，不可不慎。

对于口业的行持，憨山大师在《醒世歌》中明白指出："从来硬弩弦先断，每见钢刀口易伤；惹祸只因搬口舌，招愆多为狠心肠。"柔软的心肠，柔软的语言，才能内心平和，自他平和，人间平和。

林肯的两面人

一句自嘲的幽默，让大家哈哈一笑，反而是最美的表达。

美国总统林肯先生，虽然长得黑黑瘦瘦，似乎不怎么庄重，但他却总是以一颗诚恳的心为大家服务。他尊重黑人权益，一八六三年元旦发布了历史上有名的"解放黑奴宣言"，不仅使得长期南北分裂的美国恢复统一，并且赢得世人的尊敬。

他在竞选总统的时候，在一场相互竞争的辩论会上，对方以严厉的口吻批评林肯是个伪君子、两面人……林肯先生想，如果要解释自己不是伪君子，实在煞费唇舌，不如用另外的方式说吧！

他指着自己那张相当平凡，而且不怎么好看的脸说："如果我有另外一张脸的话，你想我还会戴着这张皮吗？"

林肯的自嘲,让所有的听众不禁鼓掌哈哈大笑,他的幽默不仅化解了一场尴尬,而且让大家肯定他的可爱,彰显他的高贵风格。

"世间诸般事,尽付笑谈中",假如每一个人,跟人家讲话时,不怕说自己的短处,偶尔嘲笑一下自己,给人一点欢喜,把尴尬的事情、难堪的情境,能够在付之一笑中得以化解,那真是最高的语言,最高艺术。

讲话的目的是沟通,让人了解,给人欢喜,有时候讲好话,还会得罪人,不如一句自嘲的幽默,让大家哈哈一笑,反而是最美的表达。

林肯去国会

生存于世，我们究竟想要那种不可一世、矫揉造作的浮华，还是心存仁厚、忠于自己的意气风发呢？

伶牙俐齿好吗？常常看到有些人凭着一张嘴，就能呼风唤雨、左右大局；凭着一张嘴，就能得到上司的青睐，享有特权；凭着一张嘴，就能得到好处，占上风、占优势。我们是否会为此对人生感到心灰意冷，最后索性随波逐流，渐渐地改变原来平实纯朴的好性情呢？

纵使机智灵巧、巧说善辩，颇教人喜爱，倘若以此伤人，逞一时口舌之强，不饶他人，更不为自己留些后路，又能立足多久？憨山大师不也指出："从来硬弩弦先断，每见钢刀口易伤；惹祸只因搬口舌，招愆多为狠心肠。"刚强多先毁败，柔和往往能克服刚强，就像我们的牙齿比舌头刚硬，但是却比舌头容易蛀坏；百千年造就的岩石，至柔的水也能穿透它。

所以，究竟是刚的好，柔的好，邪曲的好，还是朴直的好呢？

一八五八年，林肯与道格拉斯共同竞选伊利诺伊州参议员，二人约定进行一场竞选辩论。道格拉斯是当时美国第一流的政治红人，他一上台就把握机会，拐弯抹角地把林肯挖苦一番。

最后，他仍想戏弄一下林肯，就戏剧性地说："女士们、先生们，凡不愿去地狱的人，请你们站起来吧。"全场的人都站了起来，只有林肯坐在最后一排不动。道格拉斯忙说："林肯先生，你打算上哪儿去呢？"林肯仍然坐着，不慌不忙地说："道格拉斯先生，我本来不准备发言，但你一定要我回答，我只能告诉你，我打算去国会。"

生存于世，我们究竟想要那种不可一世、矫揉造作的浮华，还是心存仁厚、忠于自己的意气风发呢？

讲演费

学习讲话固然重要，有时更要学习不讲话。

有一个青年一心想要学习讲演，学习说话，希望借由训练，将来能靠一张"好"嘴巴过活，拥有流利的口才也就能到处受人欢迎了。可是到哪里去学习讲话呢？他听说苏格拉底很会讲演，就去请教苏格拉底讲演的技巧。

"老师！我想要来跟您学习讲演，不知道要多少学费？"苏格拉底说："每小时收费十块钱。"随后，青年竟然开始长篇大论地叙述学讲话是如何重要，讲话又是如何有技巧、有艺术，喋喋不休。等他讲完后，苏格拉底叫他先缴学费。青年掏出十块钱，这时苏格拉底拒绝了："你要跟我学，要付二十块钱。"青年不解："不是说十块钱，怎么还要再跟我要十块钱？"苏格拉底说："因为我不但教你讲话，还要再教你如何不讲话，所以你要交双倍的学费。"

　　青年有心学习讲演,却不明白不说话比会说话还要重要。讲话,该讲的要讲,不该讲的不能讲,心里要有个数。不知控制自己的人,一轮到他讲话就喋喋不休,没完没了,让人讨厌;不懂拿捏的人,讲出口的话言不及义,空洞无物,让人不明所以;没有条理的人,讲话不能简明扼要,一再颠三倒四,让人抓不到重点;好大喜功的人,讲话只在自我宣传,自拉自唱,不能得到共鸣;虚伪不实的人,讲话不切实际,吹嘘美言,让人反感。

　　学习讲话固然重要,有时更要学习不讲话。话讲得太多,则言多必失,要懂得适可而止,不讲多余之言;话讲得太美,不切实际,要懂得不讲虚伪之言;话讲得带刺,自伤伤人,要懂得不讲嗔恚之语;话讲得空洞,不利于人,要懂得不讲无聊之语。

　　讲与不讲,是艺术也是修养,应当三思。切莫词不达意,又惹人嫌弃,还要多付十块钱去训练一张"好"嘴巴。

以爱赢爱

忍和爱,是世间无法揣度的力量,能将愤恨融化,让分崩离析的心紧密结合。

曾经,有一位信徒哭哭啼啼地向我诉苦:"这一次几乎不能来参加法会,我丈夫金屋藏娇,我的家庭破碎了,真的活不下去了。"深知家家有本难念的经,我默然无言,静静地听。

等她诉完苦衷,我开口道:"你注定要失败,赢不到丈夫的心。"

"师父,怎么说呢?"

"其实要赢倒是有一个方法,只是你做不到。"

"师父你说什么办法?"

"你丈夫会有外遇,源自你成日对他抱怨、发牢骚,他自然而然会在外头寻求甜蜜的关爱,寻求温暖窝。以恨怎能赢得爱呢?只有爱才能赢得爱。"

这位信徒听了我的话以后，不再对丈夫恶言相向，即使知道丈夫与第三者相会了，也不愤怒，不无理取闹，而以平心静气处之，甚至为丈夫换衣服、煮饭菜，态度温柔和善。久而久之，丈夫为妻子的心意感动，自觉惭愧，最终又回到家庭的怀抱。

这位信徒的丈夫原本没有信奉佛教，因为受到她态度的转变，而对佛教生起信心，逢人便说："我这原来破碎的家庭，因为一位出家人而破镜重圆，怎么不让我心生感念呢？"

忍和爱，是世间无法揣度的力量，能将愤恨融化，让分崩离析的心紧密结合。"小不忍则乱大谋"，怨恨必定造成彼此失控，失去和谐；而离散二端，唯有爱才能赢得爱。建立一个美满的家庭，需要每一位成员付出关爱，而包容、赞美、慈悲心更是不容或缺的幸福酵素。

一口好牙

要解决人际间的冲突与冷漠,化解心中的烦恼与郁闷,就从"说好话"开始吧。

来佛光山学佛修道、奉献服务的徒众越来越多,因此有关疾病医疗、参学旅游、教育留学,乃至日常所需等福利费用也就相对地增加许多。记得过去有一段时间,补牙、装牙的费用占了很大的比例。

因此,佛光山掌管财务的徒众问我:"师父,是要叫他们补一补蛀齿好呢,还是给他们换一口好牙齿呢?"我说:"换好的牙齿虽然花费很多钱,不过,我宁可他们讲不出好话,也不能没有一口好牙。"

现代社会大众常常出言不逊,甚至恶语伤人。佛教中,关于语言列举出"不恶口"、"不两舌"、"不绮语"、"不妄语",提醒我们应当慎言,做一个真语者、实语者、如语者、不诳语者、不异语者。因为,人与人之间由于许多讯讽、嘲笑、毁谤，造成人我之间不少的嫌隙与心结；人与人之间，筑起一道又一道难以跨越的高墙，形成心中纠结悲苦的情绪。

常常为了一句话，饭吃不下，觉睡不着；为了一句话，夫妻纠纷，兄弟失和；为了一句话，争得头破血流。可见说话是非常重要的学习，除了拥有健康的身体，洁白的牙齿还不够，更重要的是"说好话"。

要解决人际间的冲突与冷漠，化解心中的烦恼与郁闷，就从"说好话"开始吧。

用赞美代替批评

大家都应该彼此尊重，用赞美代替批评。

几十年前，我在宜兰雷音寺弘法时，有一位熊养和老居士，经常到寺里来义务教授太极拳。他是江苏人，曾任阜宁县县长，在宜兰县也颇有名望。

他在台湾唯一的侄子熊岫云先生，是宜兰中学的教务主任。有一天，正逢熊老居士七十大寿，熊岫云先生特地准备了一份大礼，给叔叔拜寿。熊老居士见了侄子，语重心长地说道："我不需要你任何的孝敬供养，只要你肯在佛菩萨面前磕三个头，念十句阿弥陀佛，我就心满意足了。"

熊岫云先生是一位虔诚的基督徒，哪里肯磕头拜佛呢？于是拔腿就跑，但是回头想想，叔叔是他在台湾最亲的亲人，因此心里又感到十分懊悔。为了想知道佛教究竟用什么力量，让威德并具的叔叔心悦诚服，从此以后,他每逢周三、周六的共修法会,都会坐在宜兰念佛会的一个角落里听经闻法。

起初,他双臂抱胸,桀骜不驯地听我开示佛法,渐渐地,他见到我,会合掌问候。我从来没有特别招呼他,也不曾劝他信佛。如是六年过去了,在一次皈依典礼中,我看到他跪在信众中忏悔发愿。典礼结束后,他告诉我:"六年来,我不曾听您批评基督教不好,甚至您还会赞美基督教的好处。您的祥和无争,是我在基督教中不曾见过的,因此我决定皈依佛教。"

信仰是自然的、自由的,大家都应该彼此尊重,用赞美代替批评,促成宗教之间和谐共生的远景。

赞美就能化缘

人人都需要受肯定，一旦受肯定，自然心中欢喜，心有能量。

建寺需要经费，我于全球建设道场，创办文教、慈善等佛教事业，庞大的经费究竟从哪里来呢？总有人会生起这样的疑惑。

钱当然是十方来的，我不开银行，也不办工厂，我是"非佛不做"的，因此建寺的经费都是十方的信徒共同成就。纵是信徒共同成就，也要他们心甘情愿地付出。尤其，我是在大丛林中接受教育，从出家到现在都是住在寺庙里面，不曾出去化缘，不找俗家亲人，也甚少和人通电话、写信，信徒怎么会给我支持赞助呢？

这其中的奥妙在于，和信徒接触时多说鼓励、赞美的话，做信徒的心灵加油站，而不只是要求信徒来寺院添油香，我们也主动为信徒添油香，彼此共结好缘，信徒自然无怨无悔为佛教奉献心力。

有一次，一个信徒送我一床被单，布质轻盈，盖在身上很是舒服。多年前，佛光山每年例行举办的信徒大会，有两三千人参加，主事的徒众烦恼着："假如大家都要挂单，空间又没有那么大，该怎么办呢？即使空间够大，一个人一床被单也买不起。"来山信徒挂单的问题，教这位徒众不知该如何是好。

刚巧送我被单的林月居士要来佛光山，她是做棉被生意的，或许能建议我买到廉价的棉被。会谈中，我说：

"你的棉被既轻盈又保暖，现在因为担心信徒住宿需要购置棉被，想要问问你的经验。"

"需要多少件？"

"至少需要两三千件。"

"没有关系，我送你三千条被单。"

林月居士发心与大众结缘，因为心里觉得受到尊重，受到赞美。人人都需要受人肯定，一旦受肯定，自然心中欢喜，心有能量，就会乐于付出助人，散播欢喜。可见一句好话的力量，是能够一传十、十传百，有时还能收到出人意料的结果。

宝琴梵音

让世界在爱心的照拂下，散发出芬芳的香气、祥和的光芒。

四十多年前，吴师姐在女儿的陪同下来到宜兰雷音寺养病。三个月以后，沉疴痼疾竟然奇迹似的不药而愈，小女孩也因为在佛门住惯了，索性就留下来帮忙寺务。当时我在雷音寺讲经说法，看这个女孩很有善根，于是教她一些佛门礼仪、国文写作。就这样，四十年来，她跟着我办慈爱幼儿园；佛光山建好以后，又来朝山会馆帮忙。后来台北普门寺落成，她看到当地事情繁杂，于是自告奋勇前往担任总务工作，一做就是二十年。每次我要请客，只要说一声，无论早晚，她都扫榻以待，准备丰盛的菜肴，从无怨言。

数十年前，海峡两岸开放探亲，我与母亲虽然已经取得联系，但是因为法务倥偬，无法经常返乡看望，她知道以后，自愿代我前往慰问年事已高的母亲。每次总是提着大包小包，不辞辛劳地搭飞机、转火车，去到南京，在母亲面前承欢膝下。

有人问她："又不是你的母亲，为什么这么辛苦地奔波忙碌？"

她回答："师父以天下的父母为父母，以天下的儿女为儿女，所以他的父母也就是我的父母，我一点儿也不觉得辛苦。"

她，就是吴宝琴师姑。

有一次我终于有机会回乡探亲，看到宝琴师姑，她不但照顾母亲的吃住，甚至于大小便等等她都帮着料理，还学会扬州调，唱歌给老人家听。听到她唱歌，我就说："吴宝琴，你唱的歌跟出家人唱的香赞是一样的，这是'宝琴梵音'，是清净的梵音。我很感谢您。"

我们的世界需要如吴宝琴师姑这样有爱心的人，让世界在爱心的照拂下，散发出芬芳的香气、祥和的光芒。

窜寮记

滴水之恩，当涌泉以报。

一九四一年，栖霞山举办三坛大戒戒会。那时候我才十五岁，照理说三坛大戒要年满二十岁才能参加的，承蒙许多戒师特开方便法门，让我有因缘能够参与这一次盛事。

受戒期间，我的母亲特地从家乡赶了几十里的路，前来探望我。我趁着晚自习时间，到女众寮房与母亲相见。到了开大静的时间，母亲不忍我离去，泪流满面，我只好留下来安慰她。当纠察师前来巡寮时，比丘尼们想了一个办法，将我藏在母亲的被窝里过了一夜。

第二天清晨，正在庆幸昨晚没被发觉时，纠察师向女众开堂和尚月基法师报告："昨晚今觉（我当时的法名）没有回寮睡觉。"我一听，惨了，不知会不会将我迁单处分？这时月基法师机智地回答："他啊！他昨晚在我那里。"纠察师闻言，知趣而回，我当下真是感激万分，我也因此免于受罚。当时，我不过是一名默默无闻的小沙弥，对于他的通达人情机智解危真是由衷感激。

一九五四年，当我听说月基法师在香港无人接济时，我想尽方法，将他迎接来台湾。这年我参与筹建高雄佛教堂，落成后，也推举他为住持。乃至在他晚年多病时，我几次半夜三更送他就医，付费照顾，直至终老。

为什么要这样做呢？就是因为他当初的一句话带给我的感动，现在我只不过是将当年那份图报恩情的心思，铭记方寸，永远延续，所谓"滴水之恩，当涌泉以报"罢了。

讲清楚说明白

唯有互相了解之后，才能互相谅解，达到共识。

多年前我常到金门、马祖给军人讲演。我看到军营的墙壁上，写着"讲清楚，说明白"的标语，深觉意义实在太大了，我也一直牢记于心，常与徒众分享。

人和人之间的误会为什么不能解决？就是因为没有"讲清楚，说明白"。

无论工作同仁之间，还是同学之间，来自四面八方的人要在一个团体里共同生活，除了个性不同之外，必定还有意见不同、思想不同、兴趣不同、作风的不同，该如何超越彼此之间的不同，融洽相处呢？就必须凡事"讲清楚，说明白"。言语往来不好，袖里乾坤暗藏"玄机"，唯有互相了解之后，才能互相谅解，达到共识。

每一个人都是一个独立的个体，有各自的看法与观点，必须透过沟通的桥梁，交流彼此，而沟通最要紧的就是要"讲清楚，说明白"。父母对儿女的情感、教育，"讲清楚，说明白"；官长对部下的交待、沟通，"讲清楚，说明白"；甚至于朋友之间、夫妻之间、同事之间的往来互动，也要"讲清楚，说明白"。凡事"讲清楚，说明白"，则事半功倍，会得到更多的帮助，也避免无谓的误会与猜忌。

"讲清楚，说明白"的交流与沟通是上上之策，能落实在我们的生活中，必能成就一切好事。

无根菩提树

人间万物都有蒙尘未显的清净本性,爱语关怀、鼓励赞美都是扫尘除垢的利器。

当年,我在大树乡麻竹园初创佛光山的时候,承蒙统一企业集团董事长吴修齐先生,从台中买了很多的菩提树幼苗送给我,从此我开始在全山栽植菩提树。有一年刚好遇上赛洛玛台风,把山上许多小菩提树吹倒了,有的扶正就好,但是有的连根都断了,叶子也都落尽了,所剩的只是一根细细的枝干。

我记得,在宝桥边上有一棵菩提树,在这次台风中饱受摧残,根部断裂,但我仍抱着一丝丝希望,重新将它插入土里,每天早晚必定去为它浇水。经过我细心的照料,过了一段时间,竟然发现它的枝叶又重新冒出来,我顿时信心大增,就更用心照顾它了。如今这一棵菩提树已经长得高大挺直、枝叶繁茂。

一般情况下一棵植物失去了根是活不了的,但是给予它爱心和照顾,竟然再现生机,真不可思议。

　　科学家作过研究,假如对于花草,能够每天去关怀它、赞美它,花草会长得很茂盛;如果对这些花草只有诸多批评,它慢慢地就凋谢、干枯了。甚至于我们养的小猫、小狗、小老鼠,每天去看它,对它微笑、赞美,在爱的照顾下,它也会发育得很好;如果你常常咒骂它,说它不好,慢慢地它就愈来愈没信心,表现出不开心的样子。对于儿童应当实施爱的教育,爱抚他、关心他、鼓励他,在爱的滋润下,日后必能成为社会上有用的人。

　　佛教主张"有情无情,同圆种智",人间万物都有蒙尘未显的清净本性,爱语关怀、鼓励赞美都是扫尘除垢的利器,善于运用,是度己的智慧展现,更是度他的慈悲表现。

博士弟子

宁可以学问不好，也要把人做好。

为了培育更多佛门龙象，我鼓励一些徒众到世界各国的大学读书。其中有一位依法法师，从台大法律系毕业不久，常住就送他到夏威夷大学深造，获得硕士学位之后，接着又赴耶鲁大学攻读博士学位。我每次见他放假回山帮忙，总是向大家介绍："准博士依法法师回来了。"只见他一脸笑容，信心十足。

那年，他真的获得博士学位了，当他前来向我销假，我说："来，你坐。"他说："报告师父，我已经得到博士学位了，以后师父要吩咐我做什么？"我立刻说："要学习做人。"

我之所以对他这么说，是因为看到现在很多高等学历的知识分子，学问很好，却不会做人。我觉得宁可以学问不好，也要把人做好。

做人要怎么做呢？人，儒家提倡"仁"。一个"人"字旁，有个"二"，也就是有"两个人"，明白人外有人，懂得尊敬他人，主动帮助他人，诚心对人友好。时时想到他人需要什么，而不是心心念念都是自己，以自我为中心：我有、我要、我爱、我的，只要我欢喜有什么不可以。其实，"只要我欢喜"就有很多不可以，也要顾及他人欢喜或不欢喜。

做任何事情，都要多为别人着想，给别人欢喜。做儿女的要讨父母的欢喜，做媳妇的要讨公婆的欢喜，做朋友的要讨朋友欢喜，甚至于做个老师、做个学生，都要互相讨彼此的欢喜。懂得让别人欢喜，是真正懂得"做人"。

一句话的受用

只要记住，就是圣言，就会有力量，就会受用无穷。

为了纪念开山三十周年，佛光山敦请过去得过"金马奖最佳导演"的中央电影片厂王童导演，为佛光山拍摄一部纪录片。

王导演的导演技术高明，自然不在话下。几次和我见面，他讲的一段话，让我印象深刻。他说："大师，您的一句话，让我很受用……您的那一句'什么事情都没有什么了不起'，给我很大的启发。"他继续说，"像我们从事电影事业的人，别人的各种闲话都得去听，实在很烦恼。自从听您讲'没有什么了不起'后，我想，没有什么了不起，随他去吧！心中忽然开朗，就没事了。或者，遇到不容易克服的困难，想到您的这句话。突然间，发觉自己生出了力量，能有办法承担了"。

经典所说，一句偈的功德，胜过三千大千世界的奇珍异宝。一句话给人受用的功德,真是无量无边。我自幼到现在,也经常因为一句话而受用无穷。比如,年轻的时候在佛学院就读,我师兄人很老实,常受人欺负、打骂,我为他打抱不平,他却反而安慰我:"不要紧!这是我'心甘情愿'的。"他被人打,心甘情愿;被人骂,也是心甘情愿,"心甘情愿"就有力量,我甚至觉得我的师兄比打他、骂他的人还要有力量。后来,我自己也遇到许多的困难挫折,都是因为这句"心甘情愿"帮我渡过难关。我体会到,人无论做什么,只要"心甘情愿"一句话,没有不成功的。

常常有信徒或徒众要求我给他"一句话",我问他,我讲经讲了许多,你也听了好几年,你把你听到的、受用的讲给我听。结果,他一句也讲不出来,可见,他听了也没有受用。

所以,我们要记住师长甚至亲朋好友给我们的一句话。只要记住,就是圣言,就会有力量,就会受用无穷。

三句话

学习，当讲究适用、适时，就算只是学到三句话，能够一生受用无穷，贯穿生命，才是重要！

一九九六年，我的母亲以九十五岁的高龄，在美国洛杉矶往生。

当时，我的兄弟、侄儿、侄孙都难过得哭了。因舍不得而哭泣，是人之常情，但我心中有不同的见解，于是忍不住说："老是哭做什么呢？你们说老奶奶对大家很好，如果要记住她，光是哭泣是没有用的。"我继续问大家，"可记得老奶奶讲过的三句话吗？任何三句都可以，谁能讲给我听听？"大家一片茫然，说不出来。我又开口："老奶奶说过那么多话，连一句都说不上来，可见你们没有记住她，那么哭又有什么用呢？"

我也常常用这些话问徒众，乃至信徒。

曾经，有一位信徒很尊敬我，常常表示："师父的那本著作我看了三遍，师父的这本著作我读了五遍……"
我回道："既然读过三五遍了，那么就把最受用的三句
话，说给我听。"他还是一句话都说不出来。

　　还有一位徒孙，常常看我到世界各处穿梭弘法，于
是跟我说："师公，我也要跟你去。"我回答他："你跟着我
也快一二十年了，你把我过去讲过的话举出三句，讲得
对、讲得好就带你去。"他一听也是茫然以对，愣愣地不
知道要讲哪三句话。

　　学习不留心，也不懂得运用，即使四书五经都读过，
一句话也无法利己益人；纵然三藏十二部经典都读遍，
却是一点佛法也无，不也枉然？

　　学习，当讲究适用、适时，什么时候说什么法，什么
时候做什么事，心里明明白白，就算只是学到三句话，能
够一生受用无穷，贯穿生命，才是重要！